ミドルリーダーが身につけたい

教師の先輩力

10の原理・100の原則

堀 裕嗣 著
Hori Hirotsugu

明治図書

まえがき

こんにちは。堀裕嗣（ほり・ひろつぐ）です。

前著『教師の仕事術一〇の原理・一〇〇の原則』（明治図書・二〇一八年七月）から四年半が過ぎました。年を取ると月日が流れるのが早いもので、「仕事術」を上梓したのはついこの間という感じがしていました。本書の依頼は前著刊行直後にいただいていたのですが、まさか五年近くもほったらかしにしていたとは、我ながら呆れているところです。

本書の「先輩力」という概念は、若手をどう指導しどうアドバイスするかということなのですが、実は以前に似たような本を書いています。『若手育成　一〇の鉄則　一〇〇の言葉がけ』（小学館・二〇一六年二月）です。こちらは言葉がけの本でしたので、先輩教師としての指導やアドバイスの「台詞」の本でした。従って、本書は「言葉がけ」の裏にあった思想を、「仕事術」の体裁に再構成するという趣の本になっています。

「ハラスメント」という概念が世の中に流布してから三十年が経ちます。本格的に現場に浸透してからでも二十年は経っているでしょう。

しかし、「ハラスメント」という概念は当初、「セクシャル・ハラスメント」を中心に論じられていました。多くの男性の「セクハラ」が報道されもしました。加害者が常に、「そんなつもりはなかった」と同じ言い訳をしていたのが印象的でもありました。しかし、それに対しては、言った側の意図がどうあろうと、言われた側が「ハラスメント」と受け止めればそれは「ハラスメント」である、という論理が展開されました。それはちょうど、いじめられる側が「いじめ」だと思えば、いじめる側の意図がどうであろうとそれは「いじめ」である、という論理と同様の構図です。

学校現場を考えると、この論理は、「セクシャル・ハラスメント」においては、割と容易に受け止めることができます。被害者の人権を考えればこの論理は当然のこととして受け止めることができますし、何より「セクハラ」という行為・発言は仕事上の必要性とは無関係だったからです。セクハラ行為もセクハラ発言もせずに仕事を進めることは、誰にとっても難しいことではありません。それをやめられないのは、いわゆる「ビョーキ」の人たちだけでしょう。

しかし、「パワー・ハラスメント」という概念が登場して、状況は一変しました。若手に対する命令・説教・指導・説諭を現場からなくすことが、一般には考えられないことだからです。それ以前は管理職研修の一部で取り上げられていたこの概念が、二〇一〇年代の前半から半ばにかけて強力に浸透する中で、職員室が目に見えてその様相を変えてきました。先輩教師が若手教師に指導することを躊躇《ちゅうちょ》するようになったのです。若者のためを思ったら言った方がいいのだが、最近の若者はよくわからないし、パワハラだなんて言われたらとんでもないことになるからやめておこう、そうした選択肢を取る先輩教師が増えたのです。そして、若者を直接的に指導するのは学年主任と管理職だけという、「縦組織」の構造が如実に顕在化してくることとなりました。

「パワハラ」と認定されずに若者を指導・援助するということは、その若者の難点をよく分析し、何が必要かを検討し、どのように言えばその若者に伝わるかまでよく吟味しなくてはなりません。そんな面倒くさいことをやらされるには、仕事としてその若者を育てることを課せられている人、即ち直接の上司である「主任」か「管理職」か、そのどちらかの立場にある必要が出てきたのです。俺はあの若者を育てる責任を課せられていない、良かれと思って指導してもそれがあだになる可能性があるなら自分は手を出す必要はない、意識的・無意識的にそう考える先輩教師が猛烈に増えたのが二〇一〇年代であったと僕は感じています。時代は「働き方改革」真っ盛り、それでいて「学校の危機管理」の観念も具体的に導入された時期でもありました。それらの機運が「面倒なことにはかかわらない」という方向に拍車をかけた側面もあります。

行政が「教師のバトン」を鳴り物入りで導入したのは、二〇二一年春のことです。本来は教師による教職に対するポジティヴな発言を集めることを期待して立ち上げた「教師のバトン」が、結果的にネガティヴ発言の集積に陥ったことが話題になったのは記憶に新しいところです。

二〇二二年になってTwitter上では、初任者の「何も教えてもらえずに担任をもたされた」「仕事があふれんばかり押し寄せてくるのにどう処理していいかわからない」という投稿が目白押しです。彼ら彼女らは夏休みに解放感から休みまくり、遊びまくり、夏休み後半には泣きの入った「二学期どうしよう」投稿であふれました。初任者は夏休み中にある程度二学期の準備をしなければ間に合わない、そんな先輩教師なら誰でも言えるような言葉がけをほとんどの先輩教師がしなかったのだということです。たまにそれを言った先輩教師を「うざい」と投稿している初任者を見ることもありましたから、この現状では仕方ないのかもしれません。

とにかく、現在、若手教師の力量形成をめぐる環境は、完全に「負のループ」に入っています。先輩教師は「自分は直接の上司じゃないし、リスクをとってまで指導する義務はない」とだんまりを決め込み、若手教師は「苦しい。優しく教えてほしい。このままじゃだめになる」と叫ぶ。そして双方の思いが双方に届かない。現状は何も変わらない。結果的に若手教師自身とそれを指導する責任を課せられた主任・管理職だけが苦しむ。若手教師の中からは教職のやりがいも楽しさも知らないままに退職する者も出始める。そうした若者たちの声がＳＮＳを闊歩するものだから、とうとう教員採用倍率まで目に見えて下がってきた。当然、臨時採用や講師を希望する採用試験待機者も減るので、退職者や休職者の枠を埋めることもできない。学校運営がまわらなくなる。もう、手の施しようがない状況が続いています。

そんな状況でも、自分が学年主任を担い、その学年に若者が配属されてくるということはあります。そんなときには、さすがに指導しないというわけにはいきません。その若者が育たない限り、自分の学年がまわらなくなるわけですから。とすれば、たとえ心ならずではあったとしても、自分が若手を育てることを課せられたときにどうすればいいかという心構えだけは、最低限もっていなくてはならないということです。

「褒めて育てる」とよく言われますが、褒めてばかりいたのでは間に合わない若者が確かにいます。かと言って、かつてのようにガンガン鍛えるという方向性では、「パワハラ」と言われかねません。飲みに連れて行って情を交わし合うという機会ももうなくなったと言って過言ではありません。先輩教師としては八方塞がり感があるのも事実です。しかしそれでも、かかわらなきゃならないときは、かかわらなきゃならないのです。

僕は二〇〇〇年代の半ばから二〇一〇年代にかけて、学年主任として若者たちを育てなければならない立場にありました。計十三人の新採用教師とかかわりました。なぜか僕の学年には新採用教師がたくさん配属されるのです。たぶん僕が校内人事でメンバーの希望を言わないタイプの学年主任だったからだと思います。力量のある者を集めて安定的な学年運営をという感覚が僕にはなかったのです。それより力量のない若者なら育てりゃいい。僕はそう考えていました。学年に成長途中の溌剌《はつらつ》とした若者がいることは、子どもたちに良い影響をもたらすとさえ感じていました。そうした中で、たくさんの若者たちと出会ってきたわけです。

いまとは少々時代も違いますから、いまでは通用しない手法があることも自覚しています。そんな中から、本書では、いまでも通用するだろうと思われることだけを抽出して構成しました。本書が若手育成に悩む先輩教師の一助となれば、それは望外の幸甚です。

なお、第二章では、各節の最後の二項目に象徴的な「言葉がけ」の例になるだろうというものを意図的に載せました。拙著『若手育成　一〇の鉄則　一〇〇の言葉がけ』と重複する部分がありますが、御了承いただければと思います。

Contents

みきわめる——多面的・総合的な人間として　

第一章
教師の先輩力一〇の原理

1 プライオリティの原理

　ある日のことです。僕は退勤途中にコンビニでみかんを買ってきました。五個入りの袋です。十八時くらいに原稿を書きながら食べ始めて、ひと段落するまで四時間ほどで五個目を食べ終えました。けっこうな糖質を摂取したことになりますが、今日は夕飯を食べていませんから、みかん五個くらいはまあいいかな……といった感じです（笑）。

　こんなことを考えていたら、ふと、子どもの頃、こたつに入って、テレビを見ながらよくみかんを食べたなあ……なんてことを思い出しました。当時はみかんというものはどこの家庭でも箱買いするものでした。テレビを見ながら食べていると、気づくと十個くらい食べてしまっていたものです。そしてその十個の中には、四個か五個くらいでしょうか、必ず「ハズレ」がありました。要するに甘くないのです。しかし僕らはただ「ハズレだ～」と言って笑っていました。腹も立ちませんでした。その「ハズレ」をにこにこして受け入れていました。みかんの中に「ハズレ」があるのは当然のことだったのです。

　ところが今日買ってきた五個は、五個すべてがとても甘いみかんでした。何というのでしょう、文句なしに、完璧に甘かった。そしてこのことに僕は疑問を感じるのです。おそらく同世代以上の人たちは、僕の疑問の質を理解してくれるだろうと思います。

現在は「ハズレ」が許されない時代なのです。僕ら教員は、教員ばかりがクレームを受けているような気でいますが、決してそうではありません。みかん農家も、加工業者も、流通業者も、みんな「ハズレが許されない世の中」を生きているのです。生産者はみな、「ハズレ」を提供するわけにはいかなくなっているのです。この「ハズレなし」でないと許されないという風潮はいつ頃から始まったのでしょうか。消費者が絶対に「ハズレ」を許さなくなったのはいつ頃からだったでしょうか。

こんな風潮ですから、子どもたちや保護者が「ハズレ教師」を嫌うのは当然です。消費者感覚なわけですから、それは仕方のないことです。しかし大切なのは、「教職はブラックだ」と叫ぶ若手教員たち、教員志望の若者たちもまた、教職を「ハズレ」だと言っている時代だということです。それは生産者側の感覚ではなく、消費者側の感覚でものを言っているということなのです。

「働き方改革」論議喧しく、教職は「ブラック労働」の代表のように言われることが多くなりました。前著『教師の仕事術一〇の原理・一〇〇の原則』も、本書も、こうした趨勢の中で依頼され、こうした趨勢の中で読まれ、こうした趨勢の中で評価されるのだろうと思います。しかし僕がまず最初に確認しておきたいのは、あなたが先輩教師として後輩教師を育てたいと思っているとしても、しかしそれは決して本務ではないということです。研究や修養は確かに教師の努力義務ですが、それはその教師本人の努力義務であって、決して先輩教師が後輩教師に研究・修養をさせることが義務づけられているわけではありません。その責任を負っているのは管理職や行政であって僕らではありません。

僕らが何にも増して責任をもたなければならないのは、子どもたちを育てることです。これは言い訳の許されない絶対的な責務です。

例えば、あなたが学年主任だったとしましょう。学年の先生に育てなければと思う若手教師がいるとしましょう。その先生にはまだまだ力量がなく、担任されている子どもたちにマイナスの影響が出ているとしましょう。こうした場合、「失敗の中でこそ成長があるものだ」「俺も若い頃は失敗続きだったなあ」などと、その若手教師の成長を優先して手をこまねいているわけにはいかないのです。その若手教師がどんなに忙しくなるとしても、その若手教師がどんなにいやがったとしても、その若手がどんなに切ない思いをしたとしても、子どもたちに損をさせるようなことをしてはいけないのです。それが学年主任の仕事の優先順位というものです。

例えば、あなたの学年に自己主張が強く、あなたからは「わかってない」「見えていない」と言いたくなるような方向性で、自分の思った通りに毎日の実践を展開する若者がいたとしましょう。それがあなたから見て、明らかにその学級や学年に悪影響を与えているとしましょう。そうした場合にも、その若手教師がどんなにいやがったとしても、その若手がどんなに切ない思いをしたとしても、あなたは学年主任としてその悪影響を止めなくてはなりません。それがあなたの職責なのです。

つまり、僕が言いたいのはこういうことです。これから僕は本書で、どうしたら後輩教師を育てていけるのか、その原理・原則を語っていくわけですが、これから僕が本書で語っていくことはすべて、教師の仕事のうえで優先順位の一番にはなり得ないのだということです。まずはこのことをしっかりと確認しておきたいのです。

先輩教師であろうとなかろうと、仕事をするうえで子どもを育てること以上のプライオリティをもつのは、自分の体調と家族の体調だけです。それでなくても忙しく仕事をしているというのに、後輩教師を育てることにまで使命感を抱いて、自分の体調を崩したり家族を犠牲にしたりしたのでは元も子もありません。それでは何のために仕事をしているのかわかりません。本末転倒です。

消費者感覚教師が、消費者感覚ゆえに保護者にクレームをつけられた場合などは、かえって消費者感覚では許されない生産者的努力が必要とされることを学ぶ良い機会にさえなります。こうしたプライオリティの原理を忘れないようにしましょう。

2　フューチャー・ヴィジョンの原理

いかなる若手教師にも、年齢にかかわらず、必ず「自己未来像」があります。「自己未来像」とは、自分がどういう教師になりたいと考えているかという将来像のことです。

協同的な学級づくりを中心に取り組んでいく教師になりたい。授業研究に勤しみ、ゆくゆくは地域をリードする存在になりたい。行事を中心に特別活動で子どもたちを成長させる教師になりたい。教育相談活動を中心に子どもたちを包み込める教師になりたい。部活動で全国大会に出るようなチームをつくりたい。いわばその若者が教職を目指すことになった「軸」とでも言うべきもの、それが「自己未来像」です。

ところが、先輩教師の方はどうかと言うと、「自分と似た志向性をもつ若者」ばかりを可愛がる傾向があります。特別活動で学級づくりをしてきた教師は、学級づくりを得意とする若者ばかりを可愛がります。生活指導を中心に子どもとかかわってきた教師は、そうした若者ばかりを取り立てて、授業研究好きの若者を「使えない」と断罪し、「生徒指導もできないくせに、何が研究だ！」と批判します。授業研究から教育課程づくりに興味を抱くという教員人生を歩んできた教師は、授業研究好きの教師ばかりを高く評価し、自分の後継者として見込むことになります。そうした人たちの指導の在り方はいずれも「俺の若い頃はなあ……」です。時代も変わり、システムも変わり、もうそのやり方は通用しなくなってきているのに。別に悪意があるわけではありません。その若者を肯定的に見ながら、本当に期待してはいるのです。しかし、そうでない若者たちを軽視し、指導することができない。成長させることができない。

しかし、自分と似た特性をもつ若者しか成長させられないとしたら、それは管理職・主幹教諭・主任教諭の職能としては低いと言わざるを得ません。それぞれの若者の背景に目を向けるとか、それぞれの若者の志向性に合わせて的確・適切に助言するとか、その若者にその志向性に寄り添う形で「まだ見えていないもの」を提示してあげるとか、そうしたことができません。それではやはり、「若者を育てる立場」の職能としては低いと言わざるを得ないのです。

後輩教師はいわゆる「弟子」ではありません。後輩教師を育てるということは、自らのコピーをつくることでもありません。後輩教師を育てようと思えば、後輩教師一人ひとりの志向性に基づき、それに寄り添う、その志向性を尊重しながらその資質・能力を高めてあげる、そうした方向性が必要とされます。

日本人は昔から先輩後輩関係を「徒弟制度」や「封建制度」をモデルに考える傾向があ

ります。部活動の縦関係に象徴される体育会系のノリにも、学閥や組織内派閥の人間関係のつくり方にも、先輩が職人で後輩はその弟子のように技を盗む、或いは武家社会のように御恩奉公の関係でもあるかのような振る舞いが見られてきました。特に教員は仕事自体が子どもたちを相手にしていますから、無意識のうちに子どもたちを所有物のように扱い、自分の思いのままにしていいと感じているフシがあります。特殊な教育技術を用いる教育思想であろうと、協同的な学習を旨とする教育思想であろうと、その子どもたちを自分のやり方に「染め上げて良いのだ」と思う傾向に実は変わりありません。

そうした「無意識の意識」は職員室内の先輩後輩関係にも本人の自覚がないままに投影され、後輩教師が自分の意にそぐわないことをすると、「これだけやってやったのに」とか「あいつには裏切られた」とか思うことも少なくない現状があります。こうした傾向は一般には年配者特有の傾向、もっと言うなら自分よりも年上の人たちの傾向だと感じていたのですが、最近は三十代・四十代の教師たちからも飲み会の席で聞くことがあります。そんなとき、なんとなく時代が逆戻りしているようでいやな気持ちになります。

僕は若い頃、幾つもの国語の授業研究の会に所属していました。多いときには十七団体に所属していた時期があります。でも次第にその数は減っていきました。どの団体の先輩教師も「研究は一つに絞るものだ」と言うのです。おそらくは若者を自分の後継者として囲い込みたかったのだろうと思います。僕はそれがいやでいやでたまらなくて、そういうことを言う研究団体はやめることにしました。そして研究理念や研究方法を一つに絞ることなく、さまざまな理念・方法から学んできたことによって「現在がある」と感じています。そういう経緯があるものですから、僕は現在も若者たちに決して「研究を一つに絞れ」とか「自分からのみ学べ」とか「自分の追試をしろ」とかと言わないことを信条としています。そうでない人たち（組織の長や著名な実践家）を見ると、「ああ、この人はダメだな」と思うようにさえなっています。

そうしたことを言う人はたいていの場合、「それが君のためなのだ」と言います。しかしそれは嘘です。若者に「自分からのみ学べ」「この組織からのみ学べ」と言うのは、決して若者のためなどではなく、自分のため、組織のために過ぎません。その若者が成長するためには、広く学び、その広い視野の中から経験値を上げる中で、自分自身で取捨選択の判断をしていくことが最善であるに決まっているのです。

この構造は勤務校の中、職員室の中でも同じです。さまざまな人たちからさまざまな理念を学んで、自ら取捨選択の判断をするように促す。若手教師は必ず「自己未来像」に基づく選択をしていくはずです。そうした若手の将来像に対する〈触媒〉の一つとして自分が機能する、そうした構えこそが「自己未来像に寄り添う」ということなのです。

3 ミニマム・エッセンシャルズの原理

後輩教師の「自己未来像」に寄り添うと言っても、いかなる教師も身につけなければならない「ミニマム・エッセンシャル技術」というものはあります。

例えば、「一時一事の原理」は学級経営であろうと授業づくりであろうと行事指導であろうと部活指導であろうと必ず必要な技術です。そればかりか研究発表する場合もＰＴＡに対して話す場合も、職員会議で提案する場合にさえ必要な技術であると言えます。生徒指導における「事実確認の原理」や「即時対応の原理」なんていうのも、個々人の志向性にかかわらず身につけなくてはならない技術です。

こうした基礎技術はどんな若者にも遠慮なく強制しなくてはなりません。子どもの前に立つうえで絶対的に必要な職能なのですから。たとえ嫌われても、うるさがられても、その若者の成長のためには必須なのです。そして何より、それを強制しないことは子どもたちに害を与えることにもなります。それは絶対に避けなくてはなりません。そうした〈ミニマム・エッセンシャルズ〉をちゃんと知っている教師にしか、実は後輩教師を伸ばすということはできないのです。本書でも第二章で〈ミニマム・エッセンシャルズ〉について述べていきますが、詳細は拙著『学級経営一〇の原理・一〇〇の原則』『生徒指導一〇の原理・一〇〇の原則』（ともに学事出版）を御参照いただければ幸いです。

少し古い話になりますが、二〇〇五年のことです。僕は初めて小さな中学校の学年主任になりました。一年生三学級の学年運営を任されたわけです。札幌市中学校の学年主任は一組の担任をするのが通例です（学年主任が担任外になる地域が多いと思いますが、札幌市ではそのシステムを採っていません）。担任三人はみな三十代後半でそれなりに学級運営ができるのですが、副担任二人が新卒教師でした。高村克憲先生と齋藤大先生という二人の若者です。

小学校の先生にはわかりにくいと思いますが、副担任に教職経験者がいないというのは、中学校ではけっこうな負担です。中学校というのは学年の係が三学級分の運営をすべて担う仕組みになっていて、学活・道徳・総合係は指導案をつくって各担任に配付し、使う教材や教具も三学級分用意して機能するように準備しますし、生徒指導係は三学級すべての生徒指導事案に対応することになります。普通は担任が三人、副担任が二人の五人で学年組織が編制されれば、割と重い仕事が副担任二人に、割と軽い仕事が担任三人にと分担されます。それが副担任二人が新卒教師で一人で何かの係を任せるということができないものですから、学年結成から半年くらいはすべての仕事を担任三人で分担することになったわけです。

僕はこの間、常に僕の指導場面に二人を立ち会わせ、また僕の学級の細かな学級事務のすべてを実際にさせてみて、僕がつきっきりで助言するという指導方法を採りました。生徒指導場面での事実確認の仕方、各生徒の証言の突き合わせ方、生徒に中心的に話をさせる言葉がけの在り方、そうした段取りをすべて、なぜそのようにするのかまで含めて時間をかけて指導しました。当然、普通なら三十分で終わる生徒指導が一時間かかります。学級事務では通常の事務仕事はもちろん、保護者懇談の日程表の効率的なつくり方とか、学活ワークシートの注意書きの書き方とかいった細かいところまで逐一指導しました。僕が一人でつくれば五分でつくれるプリントが一時間経っても完成しない、そんなことがたくさんありました。でも、ここで時間をかけておけば後に時間がかからなくなる、いまは仕方ないのだ、いまこそが時間と労力を使うべきときなのだと決意して指導し続けました。僕が三十歳を過ぎて以降で残業を厭わなかったのはこの年だけです。

結果、彼らは三か月が経った頃、ほとんど手のかからない教師になっていました。生徒指導もそれなりにできるようになり、事務仕事も任せられるようになっていきました。高村先生はこの学年が二年生に上がるときに担任となり、スムーズな学年運営をして、一緒にこの学年を卒業生として送り出したほどです。僕は三年後にこの学校から転出しましたが、彼はその後二十代で学年主任を任されるまでになりました。齋藤先生もその後、校内で要職に就き、転勤後も若くして進路指導主事や学年主任を任されるに至っています。二人はいまも僕のサークルに所属していて頻繁に付き合いがあるのですが、いまでは僕が彼らの発想に学ばされることさえ少なくありません。

なぜ、彼らはこんなにも急成長を遂げたのでしょうか。それを僕は、間違いなく僕が彼らに〈ミニマム・エッセンシャルズ〉を徹底指導したからだと考えています。僕も含めてですが、一般に教師は〈ミニマム・エッセンシャルズ〉を指導されることなく、自分の感覚でやってみて成功したり失敗したりしながら自分の教師としての「形」をつくっていきます。若い頃は〈ミニマム・エッセンシャルズ〉よりも自分のイメージを先行させ、自分のやりたいことを優先しながら仕事をしていきます。しかし、かつて野口芳宏先生が頻繁に口にしていましたが、非凡な能力というものは平凡な事柄がそつなくできるようになって初めて開花するものなのです。

彼らもいつまでも〈ミニマム・エッセンシャルズ〉に満足していたわけではありません。いまでは、僕も驚くようなオリジナリティ溢れる実践を展開しています。もう自分が指導していた「タカムラ」や「大ちゃん」ではなく、僕がちゃんと敬意を感じるような「研究仲間」になっているのです。

4 リフレクションの原理

教師に限りませんが、力量形成には〈メタ認知能力〉が必要です。自分の言ったこと、自分のやったことがどのように機能したか、或いは機能しなかったか、それを分析しない人、分析できない人に成長はありません。

そのためには、常に自分の指導を振り返らせるということが必要です。「どういう意図でやったの？」「どの部分が成功したの？」「しっくり来なかったところなかった？」「違和感を抱いたところは？」と、自分自身で自分自身の行動の意味を〈メタ認知〉させるのです。それができるようになって初めて、「それにはこういう意味もあるんじゃないかな」「○○タイプの子には××と捉えられる可能性があるんじゃないかな」「我が子がそんなふうに言われて保護者はどう思うだろう」「君が先生にそういうふうに言われたら、君のお母さんはどう言うだろうね」などと、その若者のメタ認知度合いに沿った「指導・助言」をする素地が生まれます。いきなりの「指導・助言」は、経験の浅い若者にとって機能しないばかりか、曲解されてしまう恐れさえあります。そうならないように先輩教師は留意しなければなりません。

今度は二〇一三年のことです。僕は一年生七学級の学年主任でした。この年は副担任にはそれなりにベテランがいましたが、担任陣がとても若い学年でした。僕が一組担任で四十七歳、副主任で七組担任の女性教師が三十代後半、もう一人四組担任に三十四歳の男性教師。あとの四人は若い担任でした。一人が新卒三年目の男性教師、一人が新卒の男性教師、あとの二人は臨時採用で初めて担任をもつという男女が一人ずつという構成でした。要するに七学級中三学級の担任がこれまで担任経験をもたず、一人が二度目の担任なのです。皆さんならこの学年をどう運営するでしょうか。

本当は先に述べた高村先生、齋藤先生のようにつきっきりで指導したいのですが、今度は指導対象の先生方も担任、僕も担任です。放課後の生徒指導場面には立ち会わせることができますが、その他の細かい指導ではつきっきりというわけにはいきません。彼らが学活・道徳・総合をやっているときには、僕も学活・道徳・総合をやっていますし、彼らが行事で学級指導しているときには僕も忙しく走り回っているのです。

そこで用いたのが〈リフレクション〉でした。さすがに毎日とはいきませんでしたが、僕は放課後に一人ずつと面談をすることにしました。面談と言ってもかしこまったものではありません。「ちょっと行くぞ」と言って車に乗ってドライヴに出かけるわけです。そして、今日はどういうことがあったか、一番印象に残ったことは何か、それに対してどういう対応を採ったか、なぜその対応を採ったのか、それでその生徒は何を言いどんな表情を見せたか、それはなぜか、そんなことを訊くわけです。

勘所は二つです。一つはどんなにその対応に疑問を抱いても、「そんなことしたのか」といった〈批判〉はしないこと、もう一つは「こうすれば良かったね」とか「こうすべきだったね」とかいった〈指導〉を一切しないことです。〈批判〉も〈指導〉もしたくなります。特に〈指導〉はしたくてたまりなくなります。しかし、僕は「自分の頭で考える癖」をつけてもらうことが優先だと考えていました。かつての高村先生、齋藤先生のようなつきっきりの指導ができない以上、適宜自分で判断してもらうしかありません。そのためにこのような手法を採り続けたわけです。「指導したくなる自分」を抑制することが、実は僕自身にとってずいぶんと勉強になった一年間にもなりました。

結果、彼らが大きな失敗をしない担任になったのは二学期後半、要するに年末くらいでしょうか。高村・齋藤両先生よりは明らかに成長のスピードは遅かったように思います。それでもつきっきりで指導できない以上、手立てはこれしかなかったのだといまでも思っています。

授業だけでなく、教師教育においても〈リフレクション〉流行りの昨今ですが、実は勤務校において学年主任として若手教師を指導する、特に経験のない教師を指導するという場合には、この手法には即効性がありません。〈リフレクション〉というものは経験したことを整理しその意義を把握したり、良きにつけ悪しきにつけ自分では気づいていなかった自分の特性に気づいたりといったことを旨としているわけですが、それにはある程度の経験をもっている方が効果が高いのです。それはそうです。今日の指導を振り返るというときに、昨年の今頃の自分の指導と比較できる人と比較する過去をもっていない人とで、〈リフレクション〉の機能が同じであるわけがありません。

ここに具体的に書くことはしませんが、この年はこの若手教師たちが起こしたトラブルで、学年主任の僕が一緒に家庭訪問に行って謝罪するとか、若手教師の事務上のトラブルについて学年主任の僕が謝罪しながら説明するとか、そうしたフォロー場面がたくさんありました。先ほども述べた通り、そうしたトラブルがなくなるまでには二学期後半を待たざるを得ませんでした。それでも、学年に三人も初担任がいるのでは、そして自分も彼らも担任という条件のもとでは、いくら即効性がなかったとしても、これしか手立てがなかったという事情もあります。

〈リフレクション〉の原理は、本当は数年程度は経験年数をもつ若手教師に対しての方が効果を発揮するだろうと思います。正直、未経験者には、まずは〈ミニマム・エッセンシャルズ〉の指導を徹底する方が効果は高いのだろうと感じています。

5 フォロワーシップの原理

二〇一九年三月一一日。あの震災から八年が経った日の六校時のことです。その日は三年間、学年主任として担当してきた三年生四学級の卒業式練習の第一回目でした。三年生だけが集まって証書授与の作法を一度全員が体験してみよう、そんな一時間でした。

卒業証書を受け取る作法については、一度教師がやって見せましたから、それほど乱れることなく、生徒たちも整然と受け取っていました。ただ気になったのは、担任の呼名に対する返事が小さい者が散見されたことでした。

僕は生徒たちの前に立ち、こんな話をしました。

青木唯、赤塚健一、碓井敏夫、大川岳彦……。これは先生が最初にもった学級の生徒たちです。小華和洋介、坂本康平、清水陽平、最後まで出席番号順に言うことができます。出会いの四月六日、彼らが教室のどの席に、どんな表情で座っていたかまで今でも目に浮かべることができます。もう三十年近くも前のことだというのに、ほぼ完璧に覚えていま す。教師というのはそういうものです。そして、木下先生、菅沼先生にとっては、おまえたちこそがそういう生徒たちになるのです。

実は堀先生は、卒業式を本当は三回やりたい気持ちです。一年一組のメンバーで一回、二年一組のメンバーで一回、そしていまの三年一組のメンバーで一回、計三回です。どの学級にも確かに一年間がありました。笑ったり、泣いたり、悩んだり、行事に向けて頑張ったり、説教したり、説教されたり、そうやって一年間を過ごしたんです。でも、卒業式で名前を呼べるのは三年一組だけです。

担任の呼名と生徒の返事には、「頑張ったね、おめでとう」「ありがとうございました」という、先生と生徒のそんな思いが込められる瞬間です。堀先生としては、一年一組の生徒たち、二年一組の生徒たちと過ごしたそれぞれの一年間を、木下先生や菅沼先生、堀江先生に代わりに言ってもらっている、代わりに託している、そんな想いがあります。

かつて一年一組だった人たち、お前たちが誰に呼名されるにせよ、ちゃんと俺にも聞こえるように返事をしなさい。二年一組だった人たち、ちゃんと俺に対しても思いを込めなさい。かかわった先生方、慈しんでくれた両親、支えてくれた友達、みんなに「ありがとうございました」という気持ちを込めて、はっきりと、堂々と返事をするのです。転勤した先生方も、お前たちが卒業証書を受け取る頃、間違いなくお前たちのことを思い出しています。教師とはそういうものです。

各担任の呼名には、堀先生が呼ぼうが木下先生が呼ぼうが、菅沼先生が呼ぼうが堀江先生が呼ぼうが、間違いなくお前たちにかかわったすべての先生方の思いが込められています。

言いたいことは以上です。

結局、この生徒たちは、数日後の卒業式において、誰もが意識して、呼名に対してしっかりと返事をして卒業していきました。

僕がこんな話をしたのはなぜでしょうか。たいていの場合なら、放課後の次の卒業式練習に向けての学年打ち合わせで、「返事が小さい生徒がいたので担任から指導してください」で済まされてしまいそうなところです。そういう段取りでも、学年主任の僕や副主任の堀江先生はまったく困らなかったでしょう。

実はこの三年間、僕と一緒にこの学年を担任してきた木下先生と菅沼先生は、三年前の新採用でした。教師生活三年目。一年、二年、三年と上がってきて、初めての卒業生を出すわけです。学年打ち合わせの確認では、おそらく「自分でなんとかして生徒たちにちゃんとやらせなきゃ」という意識が働くはずです。しかしこの卒業期、この二人にはそんなことに意識を向けるのではなく、この時期特有の、もっと豊かなことに意識を向けて過ごしてほしかったのです。そんな気持ちがあって、側面からフォローを入れたわけです。

〈フォロワーシップ〉という語は一般に、リーダーのリーダーシップに対して部下がその指示に従い、リーダーの意を汲んで目的遂行のために尽力することを指します。また、リーダーに従うばかりでなく、リーダーが誤った判断をした場合には、そのリーダーの過ちを諌《いさ》める（過ちを修正することを進言し、軌道修正していく）ことまでを含む場合が多いようです。上司と部下の関係ばかりでなく、プロジェクトリーダーとそのプロジェクトのメンバーとの関係においても盛んにこの言葉が使われます。その意味では、これは学年主任の僕がリーダーシップを発揮した事例であって、〈フォロワーシップ〉という言葉とは齟齬《そご》を来しているように思われるかもしれません。

しかし、そうではないのです。各学級では各担任こそがリーダーです。各担任こそがリーダーシップを発揮する立場なのです。とすれば、各担任はそのそれぞれの学級においてリーダーシップを発揮しやすくなったのではないでしょうか。卒業期特有の自分のやりたいことに取り組める時間的・心情的なゆとりが生まれたでしょうし、自分の思いを語りやすくなったでしょうし。

このように、後輩を指導したり育てたりということは、直接的にその若手教師に働きかけたりフォローしたりすることばかりを指すのではないのです。こうした「側面からのフォロー」こそが、実は一番機能するフォローなのだと僕は考えています。

6 スリング・アウトの原理

僕はじっくりみっちりかかわった若者は、キリのいいところで必ず放り出すことが必要だと思っています。力量形成には他人の力を借りずに自分の頭で考えるという長い長い時間が大切です。それを通らない成長は、実は成長したように見えても力がついていない、そう考えているからです。

僕は新卒さんを三年間指導したら、次の人事で必ず他の学年、要するに学年主任が僕ではない学年に所属するよう人事を画策することにしています。

「堀先生にいろいろ教えてもらった」

「堀先生と一緒にやればうまくいく」

大切な二十代にそんな感覚で仕事をすることは、長い目で見たら本人の教員人生にとってマイナスです。だから放り出すのです。

実は、これは多くの先輩教師ができないことです。ツーカーの若者はいつまでも自分の手元に置いておきたい。可愛がり続けたい。尊敬され続けたい。こいつがいれば自分の仕事が楽だ。やりやすくなる。いつまでも手放さないのは実は自分のためなのです。決してその若者のためなんかじゃない。私は強くそう感じています。

中学校には、同じようなメンバーばかりで学年団を構成する傾向があります。三年生を卒業させたら半分以上は同じメンバーで一学年団を構成する。そういう傾向です。校長になったら人事を画策して、かつて一緒に学年を組んでいたかつての若者たちを自分の学校に引っ張るという校長もよく目にします。自分が可愛がっていた、気心の知れた人たちを主任に当てて学校運営をしやすくするわけです。

気持ちはわからないでもありません。また、この現象が起こるのは、学年主任や校長といったリーダー側の責任ばかりとも言えないでしょう。ついてこさせたい人がいる一方でついていきたい下の者がいることも確かです。上が守ってあげたいように、下も守られながら取り立て、引き立ててもらいたい。日本人にはそういう人が多いことも確かです。しかしこうしたメンタリティがはびこっているから「御恩奉公」の関係が拡大再生産されていくのです。

「御恩奉公」の人間関係は、どうしても閉じられていきます。身内のやり方を踏襲し、身内のやり方を絶対善とする傾向がどうしても強くなります。新しいアイディアを採用するにしても、せいぜい身内で小さなアイディアを出し、身内でそのアイディアを採用する程度になってしまいます。構成メンバーも他に学びの場をもっていない場合が多いので、常に前年度踏襲。前年度踏襲ならまだ良い方で、一年生をもてば三年前に同じメンバーで一年生をもったやり方とほぼ同じ。二年生をもてば三年前の二年生と同じ、三年生をもてば三年前の三年生とやはり同じです。次第に仕事の仕方が硬直化していきます。しかも、それぞれの構成メンバーがもつ学年分掌まで毎年同じになりやすいですから、その硬直度合いは年を経るごとに高まっていきます。これが中学校の職員室が「学年セクト化」しやすい一番の原因です。

三年間（或いは二年間）一緒に学年を持ち上がり、自分が育てたと自負するような若者は、かえって外に出した方がいい。放り出した方がいい。僕はそう述べました。同じ学校にいれば、年度当初は新しい学年団のやり方に馴染めず、よく愚痴を聞かされたり相談を受けたりということになりがちです。しかし、その場合にも僕は「愚痴を言ってる暇があったら、取り敢えずそのやり方に合わせて勉強してみたらどうだい？　俺のやり方だけが唯一絶対に正しいわけじゃない。そしてその新しいやり方でどうしてもうまくいかない部分があるということがあれば、ちゃんと進言して改革すればいいんだよ」と言うことにしています。そうした愚痴や相談に親身になってかかわっては、その若者はいつまでも前年度の幻想に取り憑かれたままになります。

前年度までに経験したことと今年度経験していることとをミックスする、これまでのやり方の良さといま現在のやり方の良さとを融合してみる。それができたときに初めてその若者は自立できるようになるのです。時間が経てば、「堀先生のやり方の、ここのところは改善の余地があると感じるようになりました」なんてことを言い出すようになるかもしれません。そしてそこまでいけば、その若者はもう「自分が育てた若者」などではなく、対等に付き合え、対等に学び合える「実践仲間」「研究仲間」になるのではないか。そしてそうした関係こそが「同僚」の名に値するのではないか。僕はそう考えています。いつまでも一緒に仕事をして引っ張り回している、「御恩奉公」の関係に閉じられている、それは「同僚」ではありません。「子分」です。

先に僕が初めて学年初任をしたときに出会った若者たち、高村克憲先生と齋藤大先生を紹介しました。僕は彼らも四年で放り出しました。彼らももちろん、その後転勤して、新たな学年主任の下で仕事をしたり自らが学年主任になったりしました。そしていまでは、また再び一緒に仕事をしているのです。同じ学校でではなく、同じ研究サークルで。

あれから十年が経ち、彼らが確かに僕が教えたことを基礎としながらも、僕から離れてから学んだことをしっかりと融合して得た学校教育の在り方、それを僕もまた彼らから学んでいるわけです。かつて自分の育てた若者が大きく成長し、時が経っていまは自分に学ばせてくれる。先輩冥利に尽きるとはこのことではありませんか。

7 エスタブリッシュメントの原理

　教育書を書きセミナーに登壇するような民間教育に携わる教師たちの中に流通する言葉に、「ＯＳ理論」というものがあります。「あの人のＯＳは優秀だ」「あの人のＯＳは汎用性が低い」といった使い方をします。まあ、いわゆる「地頭」と考えていただければ当たらずとも遠からず、でしょうか。

　しかし、それなら「地頭」と言えば良いわけで、わざわざ「ＯＳ」と呼ぶ必要はありません。僕らがこれを「ＯＳ」と呼ぶのは、理論や実践の先行研究がどれだけインストールされているか、それをばらばらに知識としてもっているだけではなく融合して理解したり場合分けで理解したり階層分けして理解したりしているか、更にはここが一番大切なのですが、それらの理解を実際場面で使いこなせているか、こうした意味合いが込められているのだと思います。要するに、「よく勉強していて、それらを有機的に活用している」ことを「ＯＳが優れている」と言うわけです。

　ＯＳは一般に数年に一度、ヴァージョンアップがあるわけですが、僕らの「ＯＳ」も数年に一度、大規模なヴァージョンアップをしているような気がしています。毎年のように新刊を出し、しかも頻繁にセミナーを開催しているような人たちは、間違いなくそのようなヴァージョンアップを頻繁に繰り返しています。そうでないと新しい提案なんてできませんから。またこのことは、ものすごい量の新しい情報をインストールし続けていることの裏返しでもあります。一般のOSはヴァージョンアップするたびに多様性が担保され、多くのニーズに繊細に応えられるようになりますが、「OS」の優れた実践者・研究者にも同じ構図があります。

開発された学習ソフトのほとんどが使えないものになってしまうのは、開発者が「教師OS」といったものをもたず、やりたい授業の技術的側面とコンピュータのOSとの間でスムーズに動くということしか考えないからでしょう。しかし、授業は素人が見て理解できるような表側の技術だけで機能しているわけではありません。それどころか、授業者本人さえ気づいていないような「無意識の知」「暗黙の知」といったものがその授業を機能させていることもしばしばです。ICT教育に携わっている人たちの多くにも似たような人たちがたくさんいて、「OSの優れた人たち」から見ると、どれだけ優れたICT技術を活用していても授業の本質をはずしている、要するに指導事項の本質をはずしているということがよく見られます。

すっかり職員室ではお馴染みになった校務支援ソフトにも同じことが言えます。開発者は評価評定だの通知表だの名簿づくりだのという教師の事務仕事をばらばらに捉え、それらをコンピュータでスムーズに展開させることだけを考えて開発しています。また、情報のやりとりができるようにとネットワークに対する意識はあるようです。しかし、それぞれの機能がどれだけ有機的に働いているか、つまり一つ一つの事務仕事なら事務仕事、指導記録なら指導記録がどれだけ教師の「ＯＳ」の中でつながりをもって捉えられているか、その観念がありません。だからシステムは見事なのに使いづらいものになってしまっているのです。最近はずいぶんと改良されましたが、当初開発され使用が強制されたシステムは本当にひどいものでした。これも教師としての「ＯＳ」の欠如がもたらした現象だと僕は感じています。

教師の中にも「技術に使われている」という印象の教師がたくさんいます。本人はよく勉強しているつもりなのですが、それぞれの技術がばらばらに理解されていて、この教科だからこの技術、この活動だからこういう技術と、使いこなしているというよりは、その教師がその技術を知っているということしか伝わらない、そんな授業、学級経営がたくさん見られます。

また、そういう教師たちはネットワークに対する意識だけは高いと見えて、やたらと人とつながろうとします。しかも校務ネットワークのあらゆる情報が上部構造に一元化されるように、彼らはできるだけ「エライ人」とつながろうとする傾向もあるように見えます。いくら「エライ人」と自分がつながったとしても、「エライ人」から見れば一元化されて集まってくる情報同様、相対化して見られ、評価されるだけだというのに。

ずいぶんと皮肉っぽく語ってきましたが、実は若手教師を育てるには、ここで言う「OS」に働きかけることを第一義とする必要があるのだということなのです。〈ミニマム・エッセンシャルズ〉を指導するにしても、〈リフレクション〉で支援するにしても、忘れてならないのは「HOW＝どのように」ではなく、「WHY＝なぜ」です。どのようにすればいいかよりも、「なぜその方法がいいのか」です。失敗した方法の代わりに成功するであろう方法を与えるのではなく、「なぜその方法が失敗したのか」なのです。

〈エスタブリッシュメント〉とは「確立」を意味し、政治的には「既存体制」を意味する言葉ですが、若手教師を育てるということはその若者らしい教師としての「OS」をつくってあげることなのです。と同時に、その「OS」を自分でヴァージョンアップしていけるような基礎体力と柔軟性をもつくってあげなくてはならない。僕は〈ミニマム・エッセンシャルズ〉を指導するうえでも〈リフレクション〉で支援するうえでも、徹底して「WHY」を語り、「WHY」に気づかせようとします。最後に〈スリング・アウト〉するのもヴァージョンアップの癖をつけさせるためなのです。

8 キャラクターの原理

あなたの周りに力量の低いと思われる若者がいたとしましょう。「彼」或いは「彼女」に対して、あなたは「ダメだなあ……」と感じています。彼らは何が、どこがダメなのでしょう。例えば、やたらと子どもたちを怒鳴ったり脅したりしている。若いのにもう少しいろいろ工夫してみればいいのに……。例えば、やたらと子どもたちに迎合し、わがままを許しているように見える。その場しのぎの連続が時間が経つにつれてその若者の首をしめている。例えば、現象面だけを、形だけを整えようとしているものだから、子どもたちに指導が落ちていない。その場が収まれば満足しているようにあなたには見える。結果、同じような失敗を何度も何度も繰り返しているのを見て、あなたとしては歯がゆい。こんなことがよくあります。あなたから見ると、この若者には教師として「成長したい」という成長願望があるのだろうかと疑問にさえ思えてしまう。いつの間にか、周りからの期待値も下がり、本人もそれを感じて悪い循環に陥ってしまう。そんなこともよくあります。

こうした現象には二つの側面からの原因があると僕は感じています。

一つは若者側の問題です。どんな若者にも成長願望はあります。周りには非常にスムーズに教育活動を行っている、いわゆる「仕事ができる」と言われる中堅・ベテランが何人もいる。子どもたちを育てることはやり甲斐のある仕事であると誰もが語る。そんな日常を送りながら、彼らもまた周りの見様見真似で、教育活動を行っているのです。自分も子どもたちを育てられるようになりたい。自分も滞りなく仕事に当たれるようになりたい。そう思わない若者はおそらく皆無です。

しかし、教師としての成長には先にも述べたように、「OS」の成長が何より必要です。それなのに、彼らの多くは「仕事ができるようになる」ということを「仕事をうまくまわせるようになること」「仕事を効率的にできるようになること」、要するに「仕事をうまくこなせるようになること」と捉えています。成長願望はあるのですが、それが「現象的な成長願望」となっている場合が多いのです。「コスパ世代」とでも言うのでしょうか、或いは「消費者感覚世代」とでも言うのでしょうか、それが教師としての成長を阻害している側面があります。

「コスパ」を優先したり「消費者感覚」で物事に当たったりすることの最大の特徴は、「自分自身が守られている」ということです。「自分自身は変化する必要がないと考えている」と言った方が伝わるでしょうか。もう少し詳しく言うなら、「自分が変わるのではなく、なにかうまく、効率的に仕事をまわせるスキルがあって、それを使いこなしさえすれば仕事がこなせるようになる」といった感覚です。こうした若者に何より必要なのは、「教師として成長する」ということが、決して「技術を身につけ、それを使いこなせるようになること」だけを意味するのではないということを実感的に捉えてもらうことです。

例えば、効果が高いと言われる教育技術Aというものがあっても、その技術Aを教師Bが用いた場合と教師Cが用いた場合とでは、その効果が異なるということを実感的に捉えてもらうのです。教師Bと教師Cとでは教師としての、或いは人間としての〈キャラクター〉が異なります。同じ教育技術Aを使ったとしても、その機能性が違うのは当然のことです。教師Dが技術Aを使った場合には、プラスに機能するどころかマイナスにさえ機能してしまうということだってあるかもしれないのです。「どこかに子どもたちをうまくまわせるスキルがある」「自分もそれを身につけて効率的に仕事を進められるようになりたい」と考えている若者には、この感覚がありません。彼ら彼女らが「どうすればいいんでしょうか」と方法を訊いてくるのはそういうことです。

〈キャラクター〉の成長というと、それは「人間的な成長」を意味するように思われ、いわゆる「徳のある人間」になることと思われがちです。そんなことは一朝一夕では不可能だよ、という話にもなりがちです。しかし僕が言っているのはそういうことではありません。例えば、ちょっと例が古くて恐縮ですが、菅原文太先生や高倉健先生が子どもを脅すのとアンガールズ先生が子どもを脅すのとでは、同じ「そんなことをしたら没収するよ」という言葉だったとしても機能がまったく異なります。前者は脅しが利きすぎて子どもたちが怖がってしまうかもしれませんし、後者は皮肉や嫌みに聞こえてかえって教師が反感を買うかもしれません。教育技術というものは教師の〈キャラクター〉と一体化していて、教師から分離して効果を発揮するものではないのです。

するとと、二つ目の問題である、教える側の先輩教師の問題点も見えてきます。若手教師から相談されると、先輩教師の側は自分がうまく使いこなしているスキルを教えます。そして若手がそれをやってみてうまくいかないと、技術のせいではなくその若者が使いこなせていないからと捉えます。若者がそのスキルの機能や使うべき場面、使う方法〈段階的に使っていくとか機能を高めるための段取りとか〉をよく理解していないから機能しないのだと感じてしまいます。しかしその技術は本当に、その若手教師の〈キャラクター〉に合致したものだったのでしょうか。その観点が抜け落ちているのです。先輩教師の側が実はその技術がなぜ成功しているのか、自身の〈キャラクター〉とどのように合致していたのかという分析を欠いたまま教えているとよくこういうことが起こります。それは実は、先輩教師の側にもスキルが〈キャラクター〉から独立して存在しているような、そんな幻想があることを示してもいるのです。

9 チェック&バランスの原理

〈チェック&バランス〉、政治学の世界で一般に「抑制と均衡」と訳されます。

これも二〇一三年度のことです。僕が学年主任をしていた折り、山根康広というたいへん優秀な若者が学年にいたことがあります。当時アラサーであった彼を観察していると、仕事の仕方が大雑把に見えたり、そんなにこだわらなくてもいいところに異様なこだわりを見せたり、時には感情的になって生徒や同僚と軋轢《あつれき》を起こしたりといったこともないではないのですが、少なくとも彼にまとまった仕事を預けると最終的には非常に完成度の高い仕事がなされます。彼は職員室でボーッとしていたり、夜遅くまで学校に残って結局はなにもしなかったり、そうかと思えば勤務時間終了と同時に退勤してパチンコ屋に行ったりと、安定感を欠く仕事振りに見えるのですが、結果的には非常に質の高い仕事を仕上げるのです。彼の提案には無駄がなく、生徒たちによく機能する手立てが採られます。彼はおそらく、周りの人たちから見て仕事をしていないように見えるときにも、あちこちにアンテナを張り巡らせながら、〈最適解〉を探そうと考えているタイプなのです。

僕が学年主任を務めるこの学年はとても若い学年でした。学年主任の僕と副主任の女性こそ十年以上のキャリアがありましたが、三番手は九年目の山根先生です。全七学級だったのですが、あとは全員二十代。しかも、初めて担任をもつという教師が三名、二度目の担任という教師が一名でした。必然的に学年主任と副主任で若者たちを細かく指導しながら運営することになります。これは本章「リフレクションの原理」で詳述しました。

そんな中で、僕は山根先生に対してだけは、「放っておく」という手立てを取りました。能力の高い人間に上司があれこれ口を出すのはかえって逆効果です。その人間の創造力を蝕《むしば》みます。僕は自分が同じタイプだからよくわかるのです。仕事をちゃんとまるごと預けてくれ、裁量権も与えてくれて口を出されない、要するに任せてもらえる、こうしたときに最も力を発揮するという人間がいるのです。全体から見ると少数ですが、確かに存在するのです。僕の見立てでは全教員の2パーセント、五十人に一人といったところでしょうか。山根先生は確かにそのタイプでした。こういう教師は「放っておく」のが一番その能力を発揮します。自分なりの創造力で、周りが気づかないような〈最適解〉を開発します。「放っておくこと」もまた、若手育成として機能する場合があるのです。

もちろん山根先生は僕の意に沿うような仕事ばかりをしたわけではありません。時には僕が疑問を抱くような仕事ぶりを見せることもありました。しかし僕は彼のやることはすべて彼に任せました。彼のしようとすることにはなに一つ反対しませんでした。彼を「指導すること」を抑制したわけです。ただし、僕は彼に「学年の若い先生たちが困らないように配慮してね」とは言い続けました。当時の学校は大規模校で各学年が七学級から八学級。山根先生は新採用でこの学校に赴任した先生でしたが、転勤すればおそらくは学年主任、最低でも副主任は任されるはずです。僕が彼に身につけさせなければならないのは、「学年全体に配慮する目」ともいうべきものでした。人の上に立つ心構えといっても良いかもしれません。その意味で、彼に必要なのは〈立場〉でした。否が応にも全体に配慮しなければならない〈立場〉、その〈立場〉にさえ立てば、彼は自分の能力を発揮して全体がスムーズに運営されるような自分なりの〈最適解〉を開発するはずなのです。

僕が山根先生に対してしたことは二つ。一つは彼のすることはとにかく放っておき、学年内はもちろん、他学年から彼のすることが批判されたときにそれらの声から彼を守るということ。もう一つは、自分自身が次の年に学年主任から退き、副主任の女性を学年主任に、そして山根先生を副主任にすること。これさえすれば、もう山根先生は大丈夫なのです。あとは彼自身が〈最適解〉をつくっていきます。それで良いのです。

若手教師を育てるという場合、多くの教師が無意識に「若手教師の育て方」を一通りであるように捉えてしまいます。技術を教え、より良い教育とはどのようなものであるのか語り、さまざまな経験をさせる、そういう方向性です。しかし、若手教師も個性をさまざまにもっているのです。〈リフレクション〉を重ねながら〈ミニマム・エッセンシャルズ〉を身につけさせる、〈フォロワーシップ〉でさまざまに体験を重ねさせる、そうした指導の在り方が必要とされる個性があるのと同じように、数は少ないながら「放っておく」ことが成長にもっとも効果を発揮するという個性も確かにあるのです。「指導の抑制」が必要とされる個性です。

しかし、先輩教師の側に大切なのは、どんな場合にも組織の中にそれによって「困る人が出ない」ようにするという「全体に配慮する目」です。そのバランスだけは責任ある立場として常に意識しながら、仕事の〈バランス〉、人間関係の〈バランス〉を調整しなければなりません。組織の長の仕事はそれぞれの人たちの個性が十全に機能するように〈バランス〉をとることに第一義があるとさえ言って良いと僕は思っています。

組織としての〈バランス〉をとりながら、それぞれの個性がそれぞれに「自分の頭で考えられる」ような素地をつくっていく。そのように「環境調整」していく。そうした環境さえつくれば、実は人は「勝手に成長していくサイクル」に入っていくものです。人を育てる組織とは、この〈チェック&バランス〉を旨として運営することが必要です。この大枠を揺るがすことなく意識していれば、いま誰にどんな声かけが必要なのかということは必然的に決まっていくものなのです。

10

メイク・マイ・チョイスの原理

これまで自分が学年主任をしたときに出会った若者たちを例に述べてきました。僕は今年（執筆時の二〇一八年度）も学年主任であり、学年には新採用から三年間一緒に学年を組んできた担任が二人います。この二人に成功体験をさせ、「教師というのはいいもんだ」と感じさせることは僕の義務です。校長から任された学年主任という仕事の中には、この二人を育てることが含まれていたのであり、僕自身もそれを承知で引き受けているわけですから、これは義務なのです。もちろん、義務だからこの二人にかかわっているわけではありませんが、構造的にはそういうことになります。彼らを育てないという選択権は僕にはありません。ちょうど担任した生徒たちとかかわらないとか、育てたくないとかいう選択権が僕らにないのと同じことです。

しかし、他学年に所属する若手教師、官制研究会で知り合った若手教師、その他公務外で知り合った若手教師についてはその義務はありません。この若者は育てたい、この若者にはかかわりたくない、この若者にはかかわる必要がない、そうした選択が許されます。

最近はハラスメント概念が大きく意識されるようになりました。いわゆる「セクハラ」

は許されないにしても、「パワー・ハラスメント」の拡大解釈が若手教師を育成するのに大きな支障を来している現実があります。確かに報道されているようなパワハラにはどう考えても許されないというものがたくさんありますが、これを拡大解釈して仕事ができなくても自分は尊重されるべきだと考えている「勘違い若手」も多くなってきています。自分には教えてもらう権利がある、そう考えている若者たちです。

僕は正直なところ、そうした雰囲気を少しでももつ若手にはかかわらないことにしています。例えば敬語を使われることが尊重されていると感じられているのなら、敬語を使ってあげればいいし、呼び捨てられることが尊重されていないと感じているのであれば若造を「○○先生」と呼ぶことくらいは簡単なことです。それで尊重されていると感じるのであればおめでたい話に過ぎません。おめでたい環境の中でおめでたいままにするべき苦労をすればいいだけです。世の中は不思議とよくできていて、そういう若者には痛い目を見る日が必ず来ますから、そこで自分自身で道を切り開いて行ってもらえば良いのです。僕にはまったく関係のないことです。

ただし、そういう若者は全体を見る目とか他人に対する配慮とかということに欠けている場合が多いので、自分の仕事に支障が出るような提案をすることがしばしばです。そういうときには公の会議の場で、要するに多くは職員会議の場でちゃんと反対し、ここに支障が出る、ここに対する配慮が足りないと突っぱねればいいのです。

「ハラスメント」の概念はいじめと同様に捉えられているところがあります。いじめる側がどういう意識であったにせよ、いじめられた側にいじめと感じられればそれは「いじめ」であると。同様に、現代社会にはハラスメントを受けた側がハラスメントと感じればそれはハラスメントだと認定されるという機運があります。その裏には、職場の人間関係のすべてを公的なものとし、私的な人間関係の潤いを排除しようという論理があります。とすれば、それは会議という公的な場で公的に反論することが許されるということの裏返しでもあります。公的に扱われたい者は公的な責任を果たさねばなりません。公的な場で公的に求められたことには公的に応える責任を伴うのです。人間関係から私的な潤いを排除するということはそういうことです。何も遠慮する必要はありません。形だけは一人前扱いしてあげれば良いのです。

僕は原則として、他学年の若手教師が困ったときに相談に来ても、割と相談に乗らない姿勢をもっています。「それは自分の学年の学年主任に訊きなさい」と、僕はその立場にないことを強調します。他学年の若者に影響を与えることは越権行為であるという意識さえもっています。もしかしたらその学年主任は考えるところがあって、意図的にその若者に試練を与えているのかもしれません。もしかしたらその若者が、所属する学年の運営意図を理解せずに自家中毒的になっているのかもしれません。そうしたとき、外野から助言することはその学年の運営に悪影響を与えることさえあります。

自分の学年の若者が他の人に助言を求めることを僕自身はいやがりませんが、それは僕に若者が何をやったとしても対応できるという余裕があるからです。しかし一般に、そうした余裕をもつ先輩教師はそう多くはありません。下手に影響力を発揮しては、その若者の直接の上司との人間関係に支障を来し、自分の仕事がやりづらくなることさえあり得るのが職員室の構造であり人間関係の構造です。

かつての日本的な職場の構造、人間関係の構造が壊れてくると、自分の責任下にはしっかりと対応し、責任外のところでは公的な部分以外では手を出さない、こうした構えが必要となります。多くのハラスメントの報道を見ていると、自分の責任下にいる人、つまり自分の直接の部下から訴えられる場合よりも、直接的な利害のない、もう少し離れた人間関係下においてついつい私的な人間関係の作法で接してしまったということによって訴えられている場合が多いように感じています。

若手を育成する、先輩力を発揮するというとき、直接的な責任を伴わない場合にはかかわる若者は自分で選択する、それ以外は公的な接し方しかしない、最近はこれも重要な原理である、そう僕は強く感じています。

第二章
教師の先輩力一〇〇の原則

つつしむ――常に「自戒」とともに

若手教師を育てるという場合、二つの「自戒」を大きく意識する必要があると感じています。

一つは「自分がその若者を見る目が曇ってはいないか」という視点です。人が人を評価する場合、必ず〈バイアス〉がかかっているものです。その若者の不備不足をなんとかしなきゃと思うあまり、その若者の良さが見えていない。その若者があまりにも自分の教師としてのスタンスとは異なっているので、その若者の在り方を頭から否定してしまう。「あいつはダメだ」と断罪してしまう。そんなことになっていないか。そうした自戒です。

もう一つは、「その若者がチームにおいて大事な役割として機能していないか」という視点です。人は自分と似た傾向をもつ若者を実態以上に評価し、自分と似ていない傾向をもつ若者を実態以上に低く評価する傾向があるものです。人にはタイプがあるものです。生徒指導を得意とする者、授業研究に秀でた者、事務仕事に長けている者、部活動が大好きで教師になった者、それぞれです。そして、そのさまざまなタイプの教師たちが有機的に機能して、〈チーム〉としての教育活動が成立しているのです。自分には「チームの全体像が」見えているか。そうした自戒が必要なのです。

つつしむ

1 若者の人生にかかわるのだと自覚する
2 人を見る目にはバイアスがかかっている
3 バイアスは悪影響をもたらす
4 悪しきバイアスの回避はメタ認知から始まる
5 〈教師力ピラミッド〉で自己をメタ認知する
6 〈教師力ピラミッド〉はチームとして機能させる
7 チームを重視することがそれぞれの個性を認識させる
8 自分の不備不足を補う人たちと仕事を機能させる
9 人間的資質の違いを評価規準にしない
10 自分の人間的資質を自覚して付き合う

1

若者の人生にかかわるのだと自覚する

自分の教員人生を振り返ってみると、思いのほか、新卒から数年間の間にお世話になった先輩教師の影響を強く受けていることに気づかされます。学級組織のつくり方、学級目標のつくり方、生徒指導の仕方、子どもたちへの言葉がけ等々、教育活動のさまざまな要素において、新卒当時に自分を可愛がってくれた先輩教師のやり方を踏襲して、いまだにそれを続けているということが意外と多いことに気づかされます。教育技術的な面でもそうなのですから、おそらくは子どもに対する評価観であったり、教育観であったりといったことにも、若い頃に数年間をともに過ごした先輩教師の影響を知らず知らずのうちに受けているということがあるのだろうと思います。

だとしたら、先輩教師として若手教師にかかわるという場合、当時とは逆の立場で考える必要があります。

いま、自分は若手教師と深くかかわっている。おそらく自分は知らず知らずのうちにこの若者の教師生活に大きな影響を与えることになる。決してこの若者の教員人生にマイナスの影響を与えてはならない。

このように、謙虚に考える必要があるのだと思うのです。

2 人を見る目にはバイアスがかかっている

人間がある物事を見るとき、知らず知らずのままに偏った見方をしてしまうことを「バイアスがかかる」と言います。要するに「バイアス」とは物事を見るうえでの無自覚なままの偏りと言えます。それは無自覚であるがゆえに厄介な代物であり、ある人を意識的に「色眼鏡で見る」こととは異なります。

昔から正しい判断をするためには「己を虚しうする」ことが奨励されてきましたが、これはできるだけバイアスを取り除いて物事を判断することが大切だという意味でしょう。それだけバイアスは無自覚であるがゆえに、いにしえの昔から人々の判断を誤らせ、時には致命的な失敗を招く元凶となってきたのだろうと思います。

若手教師を育てる、若手教師にかかわるという場合、僕らは日常の中で必ずその若手教師を「評価」しながら付き合っていくことになります。こんないいところがあったのか、こんな意外な面があったのか、こんな弱さをもっていたか……など、他人とかかわるということは評価及び修正の連続です。

悪しきバイアスがかかったままに若者を評価することは避けなくてはなりません。若者を導こうとする先輩教師に求められる当然の姿勢です。

3 バイアスは悪影響をもたらす

先輩教師として若手教師にかかわろうとする自分自身が、実は大きなバイアスに囚われている。現場ではよくあることです。

若手か否かにかかわらず、職員室の人間関係トラブルのほとんどがこのそれぞれがもつバイアス同士の齟齬《そご》であると断言しても良いほどです。教務主任と生徒指導主事とが犬猿の仲である。ある学年の主任と別の学年の主任とがいつも職員会議で対立する。こうした事案は多くの場合、教務・研究系教師と学級経営・生徒指導系教師との教育観の違いによって起こります。或いは学校の規律維持やカリキュラムに従った計画的な運営を重んじる立場と、子どもの実態や学校の現状に合わせて臨機応変に判断しようとする立場との違いによって起こる軋轢《あつれき》です。どちらも強固なバイアスに囚われ、広い視野をもたずに自分の見解を信じ込んでいるわけですから厄介です。毎度毎度それを繰り返しているというのに、どちらも譲ることなく、双方の見解が止揚されることはもちろん、場合分けによって手立てを使い分けるという発想にさえ至ることはありません。

他の教師たちは職員会議のたびに繰り返される議論に、「また始まった」と眉をひそめるだけです。バイアスはかように無自覚なままに悪影響をもたらします。

4 悪しきバイアスの回避はメタ認知から始まる

悪しきバイアスの悪影響を避けるためには、自分自身の特質を知ることが必要です。特に思考傾向をメタ認知することです。その思考の傾向に従った教育観を抱いている可能性が高いからです。

第一章でも述べましたが、教師は自分が長く授業研究に勤しんできたという自己認識をもっていれば、授業研究に一所懸命な若者を高く評価しがちです。その若者が生徒指導力に弱さをもっていたとしてもそれを軽視し、「まあ、経験を積めばいずれできるようになるさ」と判断します。逆に、自分は生徒指導一筋で生きてきたと自負している教師は、子どもたちと体を張って渡り合うことのできる若者を高く評価します。文化的な匂いのする若者やオタク傾向の若者に対して「教師に向いていない」と一方的に断罪する例さえ見られます。しかし、こうした偏った教育観を抱いていたのでは、たまたま好みに合った若者とかかわる場合にはそれほどの害はないものの、そうでない若者とかかわる場合には大きな悪影響が出ます。

若者を見極め導くには、まずは自分自身の特質、つまりは自分の嗜好の癖を自分自身で把握することが必要なのです。

5 〈教師力ピラミッド〉で自己をメタ認知する

僕はかつて、教師に求められる職能を整理し、一つのモデルを示したことがあります。時代は「学力低下」と「学級崩壊」が社会問題化しており、この二つの語をマスコミで見聞きしない日がないほどでした。「指導力不足教員」や「不適格教員」という言葉が報道を占拠し、教師の不祥事や保護者クレームの内容をマスコミの各機関がわれ先に報道していた時代のことです。「教師力」とはいったい何なのか。どんな力量的要素を備えていれば、「教師として力量が高い」と言われるのか。僕は新聞報道（当時の「読売教育メール」数年分）から、教師の力量のうちどんな力が不足していることが批判の対象になっているのかを分析し、そこから〈教師力ピラミッド〉という教師の総合的力量の理想型をモデルとして提示しました（拙著『教師力ピラミッド　毎日の仕事を劇的に変える四〇の鉄則』明治図書・二〇一三年二月）。

マスコミによる教師批判の記事を読んでいると、その批判の対象が四つに分類できることに気がつきました。

第一に教師のモラルや人間的素養に対する批判です。交通違反や性犯罪等、全国ニュースになるような教師の不祥事はもちろんですが、「ふさわしくない発言があった」「誠実さが感じられない」「モラルハザードが起きている」といった、教師の細かい言動の在り方に対する批判もこれに当たります。

第二に教師の指導力に対する批判です。「厳しすぎる」「甘すぎる」を初めとして、「子どもが信頼できないと言っている」「学校の論理ばかりをかざして子ども一人ひとりを見ていない」「もっとダメなことはダメと毅然と対応すべきだ」など、対立する見解、矛盾する見解があちこちから上がってきます。「子どもが先生の授業がわかりづらいと言っている」といった授業運営に対する批判もこれに当たります。

第三に教師の事務能力に対する批判です。「評価評定が適正に行われていない」「連絡文書（通信など）をもっと細かく発行すべきだ」「誤字脱字が多すぎる。こんな文章を書いていて教師と言えるのか」といった批判がこれに当たるでしょう。

第四には教師の先見性や創造性の無さに対する批判です。「こんなことになる前に予兆を捉えられなかったのか」「うちの学年の学習発表会の出し物は地味ではないのか」「いまの時代にこんな方針での学校運営は時代遅れではないか」といった多種多様の批判がこれに当たります。僕はこれを受けて、「教師力」を「モラル＋指導力＋事務力＋創造性」と定義づけ、次頁のようなモデルを開発しました。それが〈教師力ピラミッド〉です（『教師力ピラミッド　毎日の仕事を劇的に変える四〇の鉄則』明治図書・二〇一三・一九頁）。

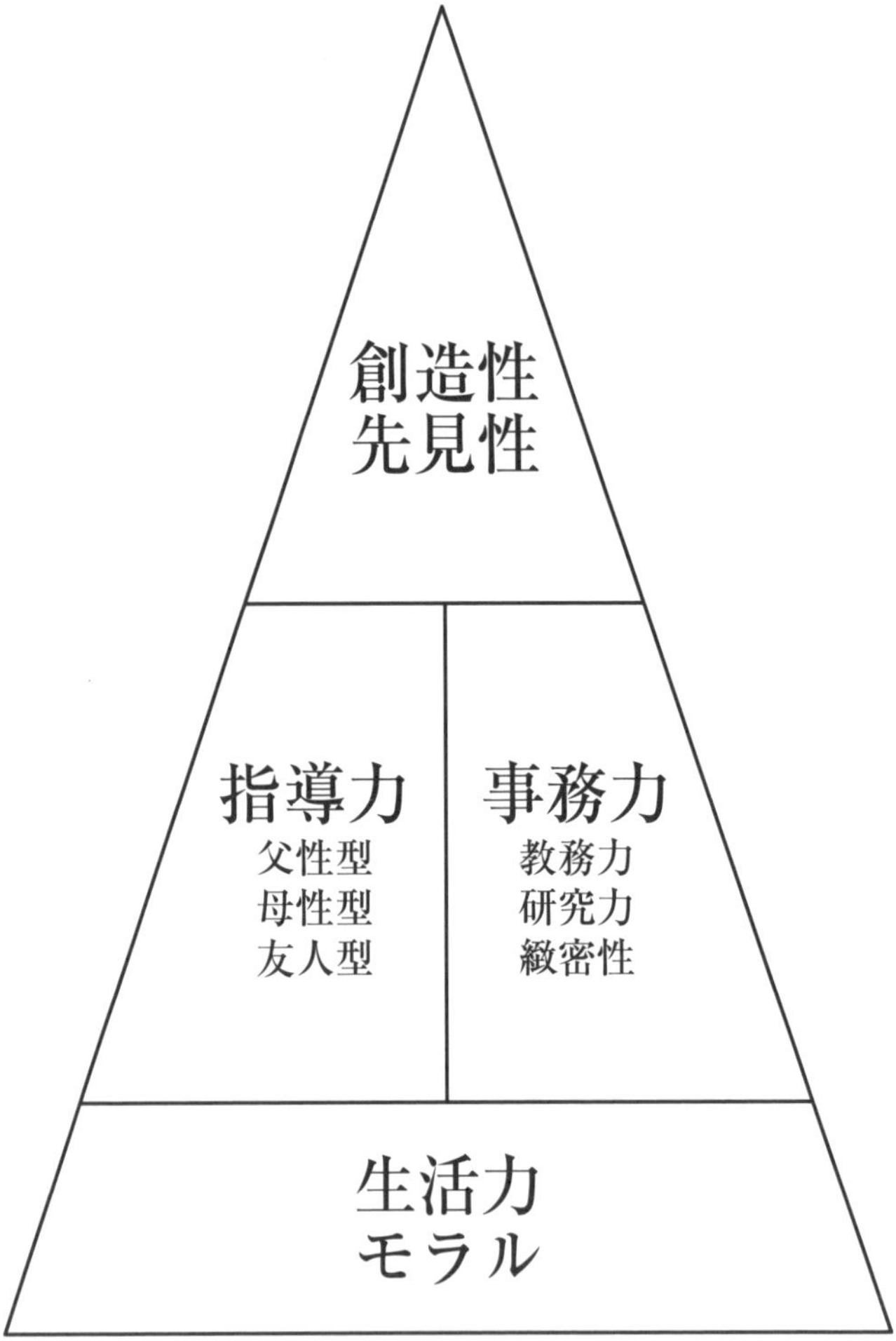
創造性
先見性
指導力
父性型
母性型
友人型
事務力
教務力
研究力
緻密性
生活力
モラル

このモデルをつくるに当たっては、「指導力」と「事務力」にそれぞれ三つずつの下位項目を立てました。

【指導力】
・父性型　…　悪いことは悪いと子どもたちにしっかりと伝えることのできる毅然とした姿勢で臨むタイプの指導力
・母性型　…　精神的に不安定な子、悩みをもっている子に対して優しく包み込むような安心感を与えるような姿勢で臨む指導力
・友人型　…　子どもたちと気さくに話し、さまざまなことを一緒に愉しむことのできる親しみやすい姿勢で臨む指導力

【事務力】
・緻密性　…　成績処理や進路事務、生活記録、報告文書などにおいて細かくミスなく処理することのできる事務力
・研究力　…　授業を初め、学級活動、生徒指導等において、子どもたちに合った的確な指導法を開発する事務力
・教務力　…　時代の要請や地域の要請に従って教育課程を編成し、教育活動のグランドデザインを構想する事務力

これらのすべてを身につけていなければ「一人前の教師」として認められない、いつどこで些細なことで批判の的にされるかわからない、それが教師という職業なのです。そして僕はこれを教師の総合的力量のモデルとして提示したわけです。

さて、先輩教師として若手教師を指導する立場に立つ皆さんは、教師の総合的力量を構成するこれらの要素のうち、どの要素について自信をもって「自分には身についている」と言えるでしょうか。チェックしてみてください。

【チェックリスト】

□モラル　□父性型指導力　□母性型指導力　□友人型指導力
□緻密性　□研究力　□教務力　□先見性　□創造性

いかがでしょうか。少なくとも若手教師を「力がない！」と安易に断罪するような資格が自分にあるのかと、謙虚になれる程度には自分を省みられたのではないでしょうか。

もちろん、これらの力量要素をすべて身につけている教師など、世の中には一人もいないでしょう。しかし、一般に教師が安易に口にする「力量が高い」とか「力量が低い」とかが、厳密には考えられていない、かなりいいかげんなものに過ぎないということだけはご理解いただけることと思います。若手教師とかかわろうとする先輩教師もまた、自分の総合的力量をメタ認知する必要に迫られているのです。

6 〈教師力ピラミッド〉はチームとして機能させる

僕の〈教師力ピラミッド〉の概要を読んで、絶望的な気分になった方もいらっしゃるかもしれません。このモデルの開発は二〇〇七年、書籍の刊行は二〇一三年ですが、開発から十年以上が過ぎて、「指導力不足教員」や「不適格教員」の語はかつてほど見られなくなったものの、教師の置かれた状況は更に厳しさを増しているように思えます。

しかし、僕の開発した〈教師力ピラミッド〉は、実は、こんな理想的な力量をもつ教師など存在しないのだから、学年団や職員室などを想定した「チーム」としてこれらすべての教師力の要素をもとうというのが提案趣旨なのです。教職はもはや一人ではその職能を機能させることができず、チームとしての総合的力量を高めていく時代なのです。

実は、自分の周りにいるべき人材、いてほしい人材は、自分が不得手としている領域を得意としている人間であることが見えてきます。自分が生徒指導を得意としているのならば、自分の近くにいてほしいのは事務能力や研究的態度に長けた人間です。自分が父性型教師であるならば、少しナヨッとした友人型教師が近くにいた方が自分の教育活動も機能するかもしれないのです。こんなふうに考えてみると、自分から見て好ましくないと思われるような若者にも、少しは優しくなれるのではないでしょうか。

7 チームを重視することがそれぞれの個性を認識させる

チームで教育活動を機能させる。チームで子どもたちを育てる。自分に自信があり、一人でいろんなことに取り組むことができるようなバイタリティをもつ教師ほど、時代が要請するこの考え方に実感をもてない傾向があります。だって担任学級に対して全責任を自分がもっているじゃないか。力量のない教師は自分のように努力していないじゃないか。

しかし、職員室を見渡してみてください。あなたのように子どもとの関係をスムーズにつくることは苦手としているかもしれませんが、学習指導要領や行政の求めに応じた教育課程を緻密につくり上げている教師はいないでしょうか。あなたのように評価評定のあるべき理念に基づきさまざまな学習活動を開発することはできませんが、放課後に子どもの悩みを聞きながら一緒に頭を抱えている、自分の時間と労力を子どもに費やすことにまったく疑問を感じていない教師がいないでしょうか。そしてそういう「あなたとは違う教師たち」は果たして、学校に必要のない人たちなのでしょうか。

あなたから見ると頼りない若手教師も、あなたから見て無駄なことばかりしている若手教師も、ひょっとしたら数年後にはそのような「学校に必要な教師」になるかもしれないのです。チームを重視する理念は、他人に対してこういう見方をさせます。

8 自分の不備不足を補う人たちと仕事を機能させる

ここ十年くらいでしょうか。「協働」という言葉が大流行です。

自分に自信をもっている人がこの言葉を使うとき、口では「協働」と言いながら、その意味するところが自分をトップとしたピラミッド組織として、「上意下達で仕事を進める」であることが少なくないようです。プロジェクトのメンバーを「駒」であるかのように自分の意のままに動かすことを旨とする、そんな名ばかりの「協働」です。

しかし、「協働」とは、目的だけはチームで一としながら、その目的を達成するための方法はそれぞれの構成メンバーがアイディアを出し合い、チームでよく吟味したうえで選択される、そうした営みを言います。もちろん意見が割れたときにはチームリーダーが責任をもって判断するということはあるでしょうが、むしろそれは稀なことで、一般にはそうした場合は議論や意見交流が足りないと認識すべきでしょう。

職員室や学年団に置き換えるなら、子どもたちを育てる、子どもたちを導くという目的は一にしながら、多様な物の見方・考え方をする多様な教師が集まってより良い方法を編み出していくことになります。チームは多様であることが良いのです。リーダーから見れば、それは自分の不備不足を補ってくれる能力をもつ人材が集まることなのです。

9 人間的資質の違いを評価規準にしない

多動的傾向と自閉的傾向――どちらかに分類するとしたら、あなたはどちらかと言えばどちらに分類されると自己認識しているでしょうか。最近は飲み会の席やテレビ番組で「私、多動だから」などと笑い話にされることも多いようなので、それほど深刻でないながらも、この問いは一度くらいは考えたことがあるのではないでしょうか。

実は、多動的傾向をもつ人と自閉的傾向をもつ人とは人間関係をうまく構築しづらい、という傾向があるように感じています。前者は細かいことを気にせず、悪く言えば行き当たりばったり、よく言えば臨機応変を旨に生きているところがあります。計画通りに行動するのが苦手で、思いついたままに行動する傾向があります。これに対して、後者は何事も見通しをもって動くことを旨とし、自分に与えられた役割は完璧に仕上げなければ気が済まない傾向があります。

先輩教師が若手教師を評価するとき、そのバイアスの中心はこの多動的傾向と自閉的傾向とのズレ、つまり生き方の価値観の違いによるものが一番大きいように感じています。夫婦の相性や友人同士の相性にも同様のことを感じます。こうした人間的な資質の違いを評価の規準に持ち込むのは以ての外です。

10 自分の人間的資質を自覚して付き合う

実は多動的傾向・自閉的傾向の別は、子どもたちとの人間関係づくりにも大きく影響しています。多動的傾向をもつ教師は自閉的傾向をもつ子どもを苦手としていますし、自閉的傾向の教師は多動的傾向をもつ子を粗雑な子と認識する傾向があります。何事にも見通しをもって取り組みたい子どもにとっては多動的教師の思いつきで方針が変わることについて行けませんし、多動的傾向をもつ子は自閉的教師の完璧主義的学級運営のもとで叱られることが多くなります。多動的教師はその楽観主義ゆえに自閉的傾向の子の悩みをそれほど大きく捉えない傾向がありますし、自閉的教師はあまりにも「しっかり型」ゆえに多動的傾向の子のちょっとした逸脱を大きな問題行動として認識しがちです。

先輩教師が多動傾向で若手教師が自閉傾向、或いは逆に先輩教師が自閉傾向で若手教師が多動傾向と両者にズレがある場合、教師と子どもとのズレと同様の構図の齟齬《そご》が起こることがよくあります。先輩教師が若手教師にかかわるうえで、認識しておきたい構造だと考えています。

むしろその若手が、自分の苦手としている子どもの対応に一役買ってくれるかもしれない、そんな可能性に思いを馳せながら付き合うのが良いでしょう。

みきわめる——多面的・総合的な人間として

ある若手教師を見ていて、「こいつは力量が高い」「こいつは力量が低い」と判断する。力量の高い若者にはなんと言いましょうか、「オーラ」のようなもの、「人としての勢い」のようなものがありますから、それ自体はすぐに判断がつくものです。時におとなしいタイプの若者がいわゆる「熟考型」で、実は力量が高いということがありますが、それも日常的な言動を数週間も観察すればわかります。

しかし、教師は「力量」だけでできているわけではありません。どれだけ子どもに毅然と接することができるか、どれだけ子どもに寄り添うことができるか。学力形成的な教育観をもっ

ているのか、人間形成的な教育観をもっているのか。仕事に生き甲斐を感じるタイプなのか、プライベートに生き甲斐を感じるタイプなのか。一生教師をやり続けようと考えているか、キャリアアップのための一つのステップと考えているのか。人それぞれなのです。

例えばあなたが学年主任だとして、担任としてしっかり仕事ができるかとか、学年で決めたことにしっかり取り組んでいるかとかのみで、若者を判断しているとしたら、それは早計と言わざるを得ません。若手教師は「多面的」で「総合的」な人間なのです。あなたと同じように。

みきわめる

1. どの程度付き合うかを決める
2. 公務には「仕事」と「実践」とがある
3. 総合的な力量を評価する
4. 力量には二つの方向性がある
5. マトリクスを用いて大きく四分類で把握する
6. 多くの若手教師は「複合型」と認識する
7. 得意分野と苦手分野を把握する
8. 他者の指導・助言を受け入れる姿勢があるか否か把握する
9. 孤独に耐える力があるか否か把握する
10. 本人が最も大切にしていることを把握する

1 どの程度付き合うかを決める

若手教師が自分のもとに配属されてくる。例えば、自分が学年主任を務める学年に、所属担任として若手教師が配属されたというような場合のことです。

もちろんそうした場合には、かなりの時間を共有しながら一緒に仕事を進めていかねばならないのは当然ですし、若手教師がスムーズに仕事に当たれるようにフォローしなければならないのも当然のことです。しかし、誰も彼もに全力で当たっていたのではこちらの身がもちませんし、能力の高い若手にあれやこれやと指導したりフォローしたりしすぎては自分の頭で考える機会を奪ってしまい、成長を阻害することにもなりかねません。

そうした意味で、かかわる若手教師はできるだけ早い段階で人物を見極め、どの程度の深さで付き合うのか、どういう方針で付き合うのかを決めてしまうことが肝要です。そうした方針に従って付き合えば、自分自身のストレスも軽減できますし、何より気持ちに余裕をもってその若者と付き合えますから人間関係も良い方向に向かうものです。

一見冷たいように感じるかもしれませんし、人間をそんなに簡単に評価して良いのかと感じる向きもあるかもしれませんが、評価が間違っていれば年度途中で修正すれば良いのです。むしろ方針も決めずに行き当たりばったりで付き合う方が害は大きいのです。

2 公務には「仕事」と「実践」とがある

既にいろいろなところに書いていますが、教師の仕事は「仕事」と呼ばれるべきものと「実践」と呼ばれるべきものとに分かれます。「仕事」は誰でもできるような一定程度以上の成果を上げることを指向しますし、「実践」は他ならぬ自分だからこそできる、自分にしかできない成果を上げることを指向します。

若手教師には残念ながら、自分だからこそ上げられる成果を指向するのではなく、誰でもできるような成果を上げて安定した収入を得て、プライベートを充実させようという気持ちで教職に就く者もいます。また、部活動の指導者となるために教職に就き、部活動では「実践」を指向しますが、その他の授業や学級経営では「仕事」としての在り方を指向する若者もいます。更には、教職をキャリアアップしていくための一つの段階として位置づけ、数年後には離職して次のキャリアを目指そうとしている者も少なくありません。

教職に就くことに対するスタンスは人それぞれですから、僕はこうした姿勢自体に文句を言うつもりはありません。自分の人生ですから自分で納得できる人生を送るのが良いのだと思います。しかし、そうした個々人の人生計画に自分自身が巻き込まれるのは御免です。そうした意味で、この手の指向性は見極める必要があります。

3 総合的な力量を評価する

若手教師がどの程度の力量をもっているのかということを見極めることも重要です。能力的に低い若者にはかなり細かく指導しつつ、毎日欠かすことなく声かけとフォローをし続けなければなりません。それを怠ると、結局は仕事に穴を空け、それを取り戻すために責任者たる自分が時間と労力を費やさざるを得なくなります。本来ならしなくても良い他人のミスによる事務仕事のやり直しやクレーム処理に時間と労力をとられることは、肉体的にも精神的にも大きく疲弊します。これは避けなくてはなりません。

また、能力的に高い若者に対してあれこれと細かく指導しすぎたりフォローしすぎたりすることは、心ならずもその若者の裁量を奪うことになり、その若者の成長にとってマイナスに機能します。能力の高い若者は「放っておくこと」こそが最大の指導である場合が少なくないのです。その若者が能力的に高いと見れば、必要以上の助言や必要以上のフォローはしないという態度こそが先輩教師の取るべき態度です。

こうした能力的な差異を勘案せず、どんな若者に対しても万能な対し方があるように思われる傾向がありますが、現実は決してそうではありません。先輩教師には常に若手教師の総合的な力量を評価する視座が必要なのです。

4 力量には二つの方向性がある

若手教師の総合的力量を評価するとは言っても、漠然と見ていたのではその能力を測りかねます。また、評価しようとする自分自身にもバイアスがあるということを自覚していなくては、評価として機能しません。

実は教師の職能には、異なった性質をもつ二つの方向性があります。一つは「学力形成」的な方向性であり、もう一つは「人間形成」的な方向性です。教務・研究的な職能と学級経営・生徒指導的な職能と言えばわかりやすいかもしれません。

例えば、皆さんの周りにも、部活動の指導に熱心で学級運営や生徒指導もそこそこなすのですが、教育課程には疎く、研究授業が当たるのを頑なに拒むというタイプの若者がいないでしょうか。或いは学級運営はあまり上手くなく、時にクレームを受けることもあるのですが、事務仕事が的確で授業研究にも熱心であるというタイプの若者はいないでしょうか。二つの例が極端であることは承知のうえで敢えて言えば、前者が「人間形成」的力量の高い若者であり、後者が「学力形成」的力量の高い若者ということになります。

若手教師の力量を評価しようとする場合、最低でもこの二つの方向性くらいは意識する必要があります。双方ともに力量をもつ若者などそういるわけがないのですから。

5 マトリクスを用いて大きく四分類で把握する

以上を用いてマトリクスをつくってみましょう。横軸に「仕事指向」と「実践指向」、縦軸に「力量高い」と「力量低い」を置きます。そうすると、若手教師の傾向が大きく四つに分類されることになります（決して若手教師だけには限りませんけれど）。

【A　創造型】

自分の頭で考え、自分の判断で最適解を見つけようとするタイプ。先輩教師としては基本的に放っておくことが最も望ましい。このタイプが所属部署の部下である場合には、判断を誤ってピンチに陥ったときにだけフォローするだけで良い。それも管理職や保護者に一緒に謝罪したり（子どもに対する謝罪は自分でさせれば良い）、管理職に長い目で見てくれるよう説得したり願い出たりするスタンスで良い。

【B　実務型】

学級運営や生徒指導を苦手としている場合には、基礎基本を、モデルを示しながら教える必要がある。特に児童会・生徒会活動などに中心的に従事させ、リーダー育成を担当することによって「対子ども」の在り方に慣れさせていくのが望ましい。これを怠ると、中堅・ベテランになって研究主任・教務主任を任されたときに学校の実態を省みずに行政に言われた通りの教育課程を編成しようとするようになる。若いうちに経験を重ねさせ矯正する必要がある。

【C　軽薄型】

何を措いても早い段階で実務の大切さを実感させる必要がある。口うるさく言いすぎると避けられてしまう危険性があるので、気を遣いながら接する必要がある。調子こきの度合いがあまりにひどい場合には、自分の手元で成長させることを諦め、子どもに被害が出ないように配慮することに専念する場合もあり得る。

【D　依存型】

このタイプが自分の部下として配属さ

れた場合には、少なくともその間だけは時間と労力を徹底して費やさねばならない。これを怠ると、自分の任されている仕事がまわらなくなり責任を果たせなくなる。このタイプの若手教師は年度当初にすぐにわかるので、このタイプだと認識すると同時にこうした配慮が必要となる。「大丈夫。きみはきみのままでいい」「そのままでいいんだよ」という姿勢で接し続けなくてはならない。と同時に、子どもが被害を受けないよう、毎日毎時間細かな配慮が必要となる。このタイプが部下として配属された場合には、「この一年は仕方がない」と早急に覚悟を決めることが大切である。そうした中である者は成長し、ある者は現状維持のままに教師生活を続けていくことになる。

いかがでしょうか。もちろん、この四つにズバッと分かれるなどと言うつもりはありません。しかし、若手教師たちは概ね、傾向としてはこの四つに分類されると見てまず間違いないと思います。

少なくともこうした評価の規準、評価軸をもって若者を見極めようとする構えをもつだけでも、ただ漠然と見るよりははるかに機能的と言って良いでしょう。

6 多くの若手教師は「複合型」と認識する

「A　創造型」「B　実務型」「C　軽薄型」「D　依存型」と便宜上四つに分類しましたが、もちろんすべての若手教師がそれぞれの典型として現れるわけではありません。現実的に言えば、ほとんどの教師はこれらの複合型であると捉えて構わないだろうと思います。しかし彼らの成長を願い、限られた期間とはいえ深くかかわろうとする先輩教師は、ある程度冷徹に評価する必要があります。

まず何より優先的に必要なことは、これらの分類を「学力形成」的な側面、「人間形成」的な側面の双方で評価してみることです。授業づくりや各領域の研究活動においては創造的な側面を強くもっているのに、学級運営や生徒指導ではミスが多く、さまざまな場面でフォローを必要とする依存型になってしまう。或いは部活動や行事指導では目を見張るような創造力を発揮するのに、評価・評定や通知表所見、各種報告文書はいいかげん。若手教師の特性はさまざまです。

こうした場合、「彼女は教務・研究系では創造型だが、学級経営・生徒指導系では依存型だ」とか、「彼は教務・研究系では軽薄型だが、学級経営・生徒指導系では創造型だ。ただし得意分野では軽薄型の要素もある」といった細かな分析が必要となるわけです。

7 得意分野と苦手分野を把握する

若手教師に限らず、誰もが得意分野と苦手分野をもっています。教務・研究系とか学級経営・生徒指導系といった、誰もが認める教師の職能についてばかりではありません。もっと日常的な、各々が生活するうえでの糧としているような分野における得意不得意のことです。音楽は得意だが絵は苦手であるとか、スポーツは好むけれど芸術・文化的なことにはほとんど触れたことがないとか、書は有段者だが他にはこれといった趣味特技がないとか、僕が想定しているのはそういったレベルのことです。

教務・研究系では創造的だが学級経営・生徒指導では依存的、教務・研究系では依存的だが学級経営・生徒指導では創造的などという場合には、そうした依存型を示す領域においては趣味・特技を活かせる場面を設定してみることが効果的です。若手教師もいつまでも若手でいられるわけではありません。数年も経てば更に若い教師が入ってきて、彼らもその若い教師たちに助言したりフォローしたりする立場になります。その立場になるまでに決して長い時間があるわけではありません。

とすれば、図らずもその若者とかかわることになったことは、実はその若者のみならず、後続世代の成長の如何にかかわる重大事だと認識すべきなのです。

8 他者の指導・助言を受け入れる姿勢があるか否か把握する

先輩教師から見れば、自分の指導・助言を素直に聞き入れる若手教師は好ましく映ります。その若者が「謙虚な姿勢」をもち、人間的に優れた資質をもっているように見えるからです。日本人は謙虚な人が好きです。

しかし、若手教師を育てる場合、この「謙虚な人間が好き」は好ましい成果を発揮しない場合があり得ます。自我の強いタイプの、謙虚な姿勢が見られない若者を必要以上に適正を欠くと評価したり、場合によっては自分から遠ざけてしまったりすることがあり得るからです。

特に「創造型」の若者は、ただ一人の意見を鵜呑みにするのでなく、複数の人たちから複数の意見を聞いて、取捨選択しながら最適解は何なのかを自分自身で判断しようとする傾向をもつ場合が少なくありません。また、「実務型」の若者は、大まかな傾向や大体論で物事を捉えることを嫌い、しっかりと見通しをもってからでないと行動するのに臆してしまうという傾向もよく見られます。

先輩教師の指導・助言を受け入れるから見込みがある、いまひとつ受け入れないから見込みがないと単純に判断することは禁物なのです。

9 孤独に耐える力があるか否か把握する

教職を続けていくには「孤独に耐える力」が必要です。「逆境に耐える力」と言い換えても良いかもしれません。

教職には、良かれと思って採った手立てが思わぬミスを招いたり、何気なく言った一言が思わぬクレームを招いたりといったことが多々あります。子どもたちや保護者に理解されなくても、学校や学年の方針で心ならずもごり押ししなければならない立場に追い込まれる、といったことも少なくありません。こうした小さなトラブルやすれ違いが年度末まで引きずられることになり、意図した通りに仕事の成果が上がらなくて我慢し続ける一年間を送ることになる、などということもよくあることです。こうしたことを経験せずに教師を続けることはできないと言っても過言ではないでしょう。

こうした逆境に対する「耐性」をどの程度もっているか、これは特に若い時代には死活問題になるほどの重要事項です。多くの先輩教師は「依存型」には細かく配慮するのですが、「軽薄型」の若者にはほとんど配慮しないということになりがちです。しかし、自己顕示欲が強かったり、一見「調子こき」のように見えたりする若者の方が実は逆境への耐性をもたないということはよくあることです。

10 本人が最も大切にしていることを把握する

若手教師には自意識において、これだけは譲れないという「大切にしているもの」があります。教職には何を措いても優先しなければならない緊急事態というのはもちろんあり得ます。しかしそういう場合でない限り、若手教師の大切にしているもの、優先順位の一番だけは極力奪わないという姿勢が必要です。

例えば、部活動を一所懸命に指導したい、そのために教師になったという若者に対して、「部活なんてものは公務じゃない。その前に授業だろ。学級経営だろ」と、本人が何より楽しみにしている部活指導の時間を奪うなんていうことは厳禁です。また、若者には毎週水曜日に学生時代から所属しているバスケットボールの練習があるなどということもよくあります。こうした予定を把握して、その曜日には極力勤務時間を超えるような会議は設定しないとか、その曜日には決して急を要する仕事を頼まないといった配慮も必要です。毎週金曜日は恋人とのデートの日で、職場の飲み会にも出たくないといった事情もあるかもしれません。少なくとも一週間前に突如「来週飲み会な！」ではなく、一か月程度は前に予告しておくことも必要でしょう。若手教師に限らず、現代の職場環境にはこうした配慮が必要なのだと心得るべきなのです。

よりそう──「依存型」の若者と出会ったら

「依存型教師」と聞くと、女性が多いと思われるかもしれません。しかし、そんなことはありません。最近は男性にもかなりの数がいます。男女を問わず、年々増えてきている、という印象もあります。そういう若者を育てようと思えば、子どもたちに接するのと同じように、「寄り添う」という姿勢が大切になります。

しかし、「寄り添う」ということは、決して簡単なことではありません。無自覚なままに「寄り添わなければ」と考えて接していると、その若者に意に反した言動が見られると腹を立ててしまうことになります。甘えさせすぎてしまって、かえって成長を阻害するなどというこ

とも起こります。「寄り添う」ことほど、バランス感覚の必要なことはありません。しかも、自分の立ち位置をしっかりと意識し続けないと、流されてしまうこともあります。

ここでは、「依存型」の若者に「寄り添う」とはどういうことなのか、指導する側にどのような構えが必要とされるのか、ある種の温かさと冷たさを併せ持ちながら、バランス感覚を発揮するにはどう接すれば良いのか、そんなことを述べていきます。

「寄り添う」ことは簡単ではない。僕がそんなふうに言うことの、その意味をご理解いただけると思います。

よりそう

1 「言葉にされないもの」は存在していない
2 「以心伝心」は完全に捨て去らなければならない
3 時間と労力を費やさねばならないと覚悟する
4 子ども・保護者に被害が及ばないよう配慮する
5 成長や力量形成を先送りにする
6 成長させられていないという自責の念をもつ
7 〈共依存〉に陥っていないか自己点検する
8 「笑い」を頻繁につくる
9 「決して一人にしない」と宣言する
10 「自分らしい教師像」をつくることを勧める

1 「言葉にされないもの」は存在していない

冒頭からあまり良い話ではありませんが、御了承ください。

昨今は教職希望者が減り、団塊世代の再任用の時期もほぼ終わりましたから、教師が足りない状況にあります。教員採用試験の倍率も下がる一方です。そうなると、これまでのように、地元国立の教員養成大学や教育学部出身者ばかりが採用されるというわけにはいかなくなってきています。要するに、それなりに教職について学んできたという若者ばかではなくなってきているわけです。

そうなりますと、新採用教員には男女を問わず、どうしても「依存型」の若者の割合が多くなってきます。間違いなく、今後も更に増え続けていくことでしょう。

年代が高ければ高いほど、教師という職業は「自立」を旨とし、「職人的上達論」的に考えている傾向があります。教師というのは周りの教師たちをよく観察して、その技を盗みながら成長していくものだというわけです。確かに僕も含めて、年配者にはそうした力量形成を図ってきた者が多いですから、そうした感覚はわかります。

しかし現在は、「依存型」に限らず多くの若者にとって、「言葉にされないもの」は存在していないのと同じなのです。「存在していないのと同じ」というよりは、「存在していない」のです。「わかってるだろう」「わかってくれるだろう」は厳禁です。

この国は長く、「以心伝心」を旨として人間関係が形成されてきました。昭和の時代には「人間関係の機微に関することを言葉にするのははしたない」という、ある種の倫理観さえあったほどです。しかし、平成の三十年間で、そうした「以心伝心」を旨とする運営は公的な場所からはほぼ消え、何をするにも事前打ち合わせが必要になりました。そして学校だけが、その動きから遅れているところがあるのです。

言うまでもなく、教師は日常的に子どもたちと接しています。学級担任をもって毎日子どもたちに接していると、最初はしっくりこなかった子どもたちとの人間関係が、一・二か月経つとなんとなく自然な空気が出来上がってくるものです。そうなると、担任としての教育活動がたいへんやりやすくなります。

さて、こうした現象はなぜ起こるのでしょうか。それは子どもたちが、担任教師を理解したからです。「ああ、この先生はこういう人なのだな」と。教師が発した言葉だけでなく、教師の日常的な行動、雰囲気から察していくのです。そしてそれは、子どもたちにとって、自分がこの学級で気持ちよく過ごしていくためにはこの担任を理解することが必要だという意識が働くからです。学級集団にはそうした〈必然力〉とも言うべき力学が働いています。そうしてその学級なりの〈コンテクスト〉が出来上がっていきます。

しかし、若手教師があなたの部下として配属されてきた場合、ある若手教師が所属する学年に後輩教師として配属されてきた場合、その若者にそうした〈必然力〉は働きません。少なくとも子どもたちのようには働きません。先輩教師や学年主任はもちろん、管理職でさえ、子どもたちにとっての学級担任ほどの影響力はもちません。

もう一つ、子どもたちとの関係を考えてみましょう。かつては多くを語らなくても子どもたちはわかってくれたものだ。だから、「おそらくわかってくれるだろう」という想定のもとに教育活動を行うことができた。最近は逐一説明し指導しなければなかなかこちらの意図が通らない。そう感じていないでしょうか。確かに年々、〈コンテクスト〉頼みの教育活動は機能しづらくなり、教師が学級全体に投げかける指導、教師が学級全体に語って聞かせる場面が格段に増えてきています。担任教師を理解することが求められる、そうした〈必然力〉をもつ子どもたちにしてこの状態なのです。あなたを理解しようとする動機などもたない若手教師ならば尚更なのではないでしょうか。

若手教師には日常的な言葉がけが必要なのです。「言葉にされないもの」は存在していないのです。かつての「以心伝心」はいまや、欠片もないのです。そう考える構えが必要です。そしてここで強調したいのは、この構えが最も必要とされるのが、「依存型」の教師に接するときなのだということです。

2 「以心伝心」は完全に捨て去らなければならない

ある生徒指導場面でのことです。

その日は、ある生徒指導事案があって、放課後に保護者と本人を呼んで、担任教師を含めた三人で対応に当たっていました。担任は新卒数年の若者です。

最初は保護者のみを相手に今後の指導について確認し、それが終わって本人をその場に呼びました。そして一人の教師が、今回の件はどこが悪かったのか、今後どうしていかなければならないか、そうした説諭を行いました。僕も、保護者とこうした話をしたから、きみも自分のしたことをよく考えなさいという方向性で話を終えました。そしてその場の司会を兼ねていた僕は、最後に担任からということで話すことを促しました。

僕としては、事前に二人が厳しいことを言ったので、最後に担任にフォロー的な話をさせようと思ったわけです。学級担任は今後も日常的にこの子と接していくわけですから、厳しい指導は担任以外の教師が担い、最後には学級担任がフォロー（「あなたを見ているよ」「あなたを信じているよ」的な話）して終わる。それが本人にとっても保護者にとっても救いになる。こうした場面での鉄則です。

しかし、その後、僕は驚かざるを得ませんでした。この若手担任はあらんことか、僕ら以上の厳しい指導を始めたのです。きみは考え方をあらためなければならない。生活を根本から見直さなくてはならない。これまできみを見てきて、あんなこともあった、こんなこともあった、そのときどきに反省を口にしたが、同じことを何度も繰り返しているじゃないか。今回だって……。こんな感じです。

もちろん、事前打ち合わせはしていました。しかしそれは、最初に事案の事実報告を誰がして、保護者に話をさせ、それに臨機応変に対応にして、これとこれを確認し、最後に本人を呼んで説諭してまとめる、そうしたプログラム確認を主たる内容としていたのです。まさか学級担任が最終的なフォローをしないなどということを、僕は考えもしませんでした。そして、「ああ、そんなことまで〈言葉にして〉確認しなければならない時代になったのだな」と、内省とも諦観ともつかない心境に陥ったのでした。

しかし、その担任は他の教師二人の話をモデルにして、そのままの流れで進むことが役割として求められていると考えたのでした。そして、学級担任として自分だけが知っているこれまでの経緯を具体的に話し始めたのでしょう。一番この子のこれまでの経緯を知っている者として。

そもそも担任がこの子のことを日常的に思っているならば、最後にはフォローしたくなるはずだ。僕にはそんな前提があったのかもしれません。しかし、昨今の教師には、自分が一人の人間として何を思い、何を考えているかとは別にして、子どもや保護者に対応するときには「教師然とした仮面」を被らなくてはいけないという意識が働くようになってきました。社会が、時代がそれを求めているところもあります。こうした風潮もあって、この若者には「この流れで進むのだ」という意識が働いたのかもしれません。

もしこの若者に僕がこうした自分の考えを言ったとしたら、もしかしたら「そんなこと言ってもらえないとわかりませんよ」と言うのかもしれない。僕はそんなふうにも考えて、そのときは指摘することをしませんでした。ただ、もう一人、その場にいた教師（年齢的には中堅）に尋ねると、その教師も僕と同じように驚いていました。

僕はこの日から、自分が責任をもたなければならない生徒指導の事前打ち合わせでは、自分が考え得るすべてを逐一言葉にして打ち合わせるようになりました。時間が長くなって閉口しますが、それでも生徒指導が失敗し、長引いてしまうほどには時間を奪われません。面倒な世の中になったとは思いますが、仕方がないのだと諦めてもいます。

僕が「言葉にされないもの」は存在しない、「以心伝心」は捨てなければならないと言うのは、こうしたレベルのことなのです。ほぼ一切を教師同士の〈コンテクスト〉に任せるわけにはいかない。思いつくすべてを言葉にしなければならい。「以心伝心」は完全に捨て切らなければならない、いかない、いかない、ならないのです。

3 時間と労力を費やさねばならないと覚悟する

「依存型」の若者が自分の部下として配属されてきた場合には、四月の段階で、「少なくともこの一年は、時間と労力を徹底して費やさねばならない」と覚悟を決める必要があります。要するに、徹底して依存されることを覚悟するのです。

「依存型」の若者ももちろん、「依存するな」と言われれば依存しないように頑張ろうとはします。しかし、そんなことをしてもミスが多発するばかりです。かえって、自分の責任下の仕事がまわらなくなり、その影響で若者への指導に費やす以上の時間と労力が奪われることになります。

子どもへの指導ミスや保護者への対応ミスということになれば、その対応に深夜までかかる日が何日も続くということにさえなりかねません。そうしたことが続くと、その若者自身が落ち込むことになり、なだめたりすかしたりということに更に時間と労力を奪われます。そうした若者は落ち込みハードルも著しく低いですから、常に落ち込みます。その影響で、こちらの精神状態も安定しなくなってきます。負の連鎖です。

そうなってくると、「最初からちゃんと相談に乗るべきだった」になります。長い目で見れば、若者の指導に徹底して時間を割く方が効率的なのです。

4 子ども・保護者に被害が及ばないよう配慮する

「依存型」の若者に対する基本姿勢は、「大丈夫。きみはきみのままでいい」「そのままでいいんだよ」というメッセージを投げ続けることです。と同時に、子どもたちに被害が及ばないように配慮し続けることも重要です。特に、こうした若者は、自分が本質的に子どもに毅然とした態度で接することを苦手としていると自己認識していますから、ときに子どもに対して無謀なほどに強く出る場合があります。また、自分のことが優先し、保護者に必要な連絡を忘れてしまうということも起こりがちです。

「そのままでいい」を基本姿勢とはしながらも、これだけは戒めなくてはなりません。子どもたちに丁寧にあたること、保護者に対しては細かな連絡を怠らないこと、この二点だけは怠ってはならないことを日常的に伝えます。特に、保護者への電話連絡は事前に伝えるべき内容を確認すること、できれば電話連絡している間は横にいること、場合によっては途中で電話を変わることさえあり得るとの構えをもつことが必要です。また、そうした場合には、必ず〈リフレクション〉を行い、良かったところ、足りなかったところを確認し合うことが重要になります。

僕の経験から言えば、こうした対応を短くても一学期間は続ける必要があります。

5 成長や力量形成を先送りにする

「依存型」の若者に対しては、「そのままでいいんだよ」を基本姿勢にしなければならないと述べました。これは一般に、「依存型」の若者に対しては「承認」を与えることが重要だ、と多くの読者は捉えることでしょう。しかし、そうではありません。これはある意味、この若者の成長を期待しないという冷たい姿勢なのです。

例えば小売業において、消費者が商品にクレームを言ってきたとしましょう。業者の側はよほどのことがない限り、自分の側にミスがなかったとしても、消費者に対して丁寧に対応し、その要請を適える方向で話を進めるはずです。例えば、僕らの仕事であれば、保護者からクレームが来た場合、基本的には同様の対応を採ります。本音では相手側に非があると思っていたとしても、そうした対応を採るわけです。そしてそれは、業者側なら消費者を、教師なら保護者を、「成長させよう」とか「力量を高めよう」などとはまったく考えていないからできることなのです。

「依存型」の若者に対する「そのままでいいんだよ」も実は同様です。いまは成長を期待せず、まずはこの仕事に慣れてもらおうとしているのです。いわば、「そのままでいいんだよ」は、実は成長や力量形成を「先送り」にする対応なのです。

6 成長させられていないという自責の念をもつ

「依存型」の若者に対しては、「そのままでいいんだよ」という基本姿勢を堅持しなければなりません。しかし、それと同時に、それはその若者の成長を期待しない、少なくとも成長を「先送り」する対応に過ぎないのだと、先輩教師は自覚しなければなりません。もっと言えば、「こんな対応しかできなくて申し訳ないなあ」という自責をどこかで感じ続けていなければなりません。

「依存型」の若者も、たいていの場合はいつまでも「依存型教師」でい続けるわけではありません。たとえこのような対応をしていたとしても、最初の一年のうちにも、さまざまに「成長の萌芽」を見せます。人間ですから当然のことです。そうしたとき、指導する側にこうした「自責の念」がないと、その「成長の萌芽」のサインを見逃してしまうのです。その若者だっていつまでも自分の手元で指導できるわけではありません。一年後か、三年後か、いずれにしてもそう遠くない時期に自立しなくてはならないのです。

こいつは俺がいないとダメなんだ。私がいないとこの子はやっていけないのよね。こんな状態では、自分の手から離れたときに、この若者の教員人生を致命的に躓かせてしまいかねません。それでは先輩教師として大失敗です。

7 〈共依存〉に陥っていないか自己点検する

「依存型」の若者を指導し始めて数か月が経つと、その若者の全人格が理解できてきます。毎日毎日、かなり深い話をすることになりますから、当然のことです。そして、その若者の側も自分を大きく理解してくれるようになります。

「依存型」の若者との関係がうまくいき、お互いに理解し合うようになると、「〈共依存〉関係」に近い心象に陥ることがあります。その若者を悪く言う同僚によくない感情を抱いたり、その若者が困らないようにと必要以上に環境を整えようとして、かえって職員室全体のバランスを崩してしまうような提案をしたり、そんなことがよくあるのです。しかもこうしたことは、無意識裡にやっているので、なかなか自分では自覚できないという質のものです。

「こいつは俺がいないとダメなんだ」と「○○先生がいないと自分はやっていけない」とが結びつくと、人はそうと気づかぬままに「〈共依存〉関係」に足を踏み入れます。教師と子どもとの間にもよく見られますが、教員同士にもかなり多いと僕は感じています。先輩教師と弟子的教師の関係は、ほぼこれと見ても間違いないほどです。こうした「負の関係」に陥ってはいけないという意識も必要です。

8 「笑い」を頻繁につくる

「依存型」の若者に日常的に接していると、仕事上の留意点ばかり確認することになります。すると、会話内容はどうしても暗くなります。暗くならないまでも真面目な話ばかりになります。その空気は日常的に子どもに接する教師という職業にとって、決して良い雰囲気をもたらしません。その若者にもたらさないだけでなく、あなた自身にももたらさないのです。

「依存型」の若者に限りませんが、若手教師を指導したりフォローしたりというとき、コミュニケーションの基本スタンスとして「明るさ」が必要です。冗談やバカ話、自分の失敗談など、一緒に笑えるような会話をたくさんするのです。旨い店の話や趣味の話題なんかもいいでしょう。

人は一緒に笑い合った時間が長ければ長いほど、仲良くなります。学生時代の友人との関係を振り返ればわかることです。確かにゼミで一緒に勉強し、部活でともに苦しい思いもしたでしょう。しかし、そうした公的で真面目な時間よりも、圧倒的に私的な笑い合う時間の方が多かったはずなのです。「依存型」の若者との時間には、特に「笑い」が必要です。意識的にそうした時間を頻繁につくる必要があります。

9 「決して一人にしない」と宣言する

ある女性教師が転勤してきました。新卒から数年での転勤でした。どうやら前任校では学級を荒らしてしまったようで、聞こえてくる評判は散々なものでした。しかし、新年度が始まって数日間、彼女の仕事振りを見ていると、「今度は失敗しない」「今度は頑張る」という気概がひしひしと感じられました。

僕はこのペースで仕事をしたらもたないと感じました。いずれ息切れしてしまうと。僕から見れば、彼女の前任校で彼女の学級を荒れさせたのは、その学年の学年主任の責任です。「新卒の経験のない女の子」が担任をしているというのに、周りはどのように指導しどのようにフォローしたのか。管理職はいったい何をしていたのか。しかも聞こえてくる噂は既に笑い話に近い感じになっていて、彼女に対する悪意さえ感じられました。

その週の金曜日、飲み会の席で僕は彼女に言いました。

「大丈夫。この学年は決してきみを一人にはしない。無理しなくていい。いつだって俺たちを頼ってくれていい。孤独感は味わわせない。約束する」

言ったことはもちろん、やらなければなりません。でも、言葉にしなくてはならないのです。「依存していいんだよ」とちゃんと言葉にすることもまた、必要なのです。

10 「自分らしい教師像」をつくることを勧める

初めて担任をもった女性教師。ある夜、その日に小さなミスを犯したようで、落ち込んで僕にメールを送ってきた。やりとりをしているうちにこんな言葉が送られてきた。

「いつになったら教師らしくなれるんでしょう……」

僕はすぐに返信しました。

「そんな馬鹿なことを考えるんじゃない。教師らしいおまえなんて目指すんじゃない。目指すべきはおまえらしい教師だ。おまえが教師に近づくんじゃなくて、教師という仕事をおまえの方に引っ張ってくるんだ。そうじゃないとうまくいかない。いつまでも落ち込むことになる。負のサイクルから逃れられない」

この言葉は彼女に響いたようで、その後、僕が学年主任として彼女を指導していくうえで、一つのキーワードとなっていきました。

自分の外に「理想の教師像」があると感じて、若者はそれに近づこうとします。その心持ちもわからないではありません。しかし、人はそれぞれ違います。

「依存型」の若者は「教師としての理想像」を大きく捉えがちです。しかし、教師に理想像などないのです。あるのは「自分らしい教師像」だけなのです。

いましめる――「軽薄型」の若者と出会ったら

「軽薄型」の若者というと、ある一定の軽薄な特徴をもつチャラチャラしたイメージを抱かれるかもしれません。もちろんそういう若者もいなくはないのでしょうが、ここで言う「軽薄」はそうした見かけ上の話ではありません。某かの指導理念、実践手法を自分の実践に取り入れるという場合に、深く検討することなく導入するタイプ、要するに「考えないタイプ」の若者のことです。

こうした若者は、子どもを見る視点や保護者に対応する仕方においても丁寧さに欠け、粗雑さが見られます。なにせ物事を深く考えないので、何事も軽く考え、緻密さがありません。事

務仕事ならばやり直しもでき、先輩教師の点検もありますが、対子ども、対保護者の場合にはそうもいきません。子どもに被害が出たり、保護者から深刻なクレームを受けたりということになりがちです。

「軽薄型」の若者には、できるだけ早い段階で〈ミニマム・エッセンシャルズ〉、つまり対応の原理・原則を学ばせなくてはなりません。下手をすると学校を揺るがすような大問題に発展したり、当の「軽薄型」の若者自身が深刻な挫折に陥り、自信を喪失することになりかねません。それを避けるためにも先輩力が問われます。

いましめる

1　「軽薄型教師」が増えていく
2　「軽薄型」はやる気に満ちている
3　「挫折と再生」をモデルとする
4　「分析と再構成」がキモである
5　「できなさ」を自覚させる
6　「意図」が機能させられていないことを指摘する
7　〈リフレクション〉で子どもへの機能性を検討する
8　ミニマム・エッセンシャルズを指導する
9　仕事の一つ一つに早めに取り組ませる
10　「自分の頭」で考えることを促す

1 「軽薄型教師」が増えていく

前節において、今後は教員採用倍率が下がり続け、それに伴って「依存型」の若手教師が増えるだろうと指摘しました。実は、今後増えていくのは「依存型」ばかりではありません。「軽薄型」の若者も今後は増えていくことが予想されます。「軽薄型」とは、教師としての総合的力量が低いにもかかわらず、自分にしかできない教育活動、つまり「実践」を志向する教師のことです。要するに、力もないくせに他人の意見を聞かない、自分はできているつもりでいる、そんな教師と言えばわかりやすいでしょう。今後も、「依存型」ほどではないにしても、一定の割合で現れます。

このタイプの教師は、生育環境において「万能感」を失うことなく、順風満帆に育ってきた若者によく見られます。つまり、〈去勢〉を経験せずに育ってきたタイプです。この年まで「万能感」を抱き続けているわけですから、受験学力に秀でていたり、部活動である程度の成果を上げた経験をもっていたりということも少なくありません。

「軽薄型」の若者は、自分には創造性があると自己認識しています。学校外の人たちや他の職種の人たちとつながることが大好きで、ＳＮＳにおいて、匿名で不満を吐き散らしている若者も多くはこのタイプです。

2 「軽薄型」はやる気に満ちている

「軽薄型」の若者はやる気はありますから、それぞれの指向性によってさまざまなグラデーションがあります。若くして本を出すような教師から、本やセミナーで聞きかじった理念で校内の取り組みを批判する教師、校内で人間関係を構築できずに孤立する教師、独りよがりの実践で最終的には子どもや保護者から吊し上げを食らう教師まで、それぞれに現象する姿はさまざまです。しかし、どういった現象が見られたとしても、「力量が低いのに実践を志向している」という点では、すべてに共通しているのです。

ただし、この手の教師を「軽薄だ」と一方的に断罪するのも間違っています。この手の教師たちは少なくとも「やる気」に満ちています。良い実践、目立つ実践、評価される実践、機能する実践、目的はそれぞれにしても、教育活動に時間と労力を惜しまない姿勢はもっているのです。ＳＮＳで時間外勤務が多すぎるという不満をよく見ますが、そういうことを言う若者たちも、本を読んだり、各種セミナーに参加したり、勉強のためにとさまざまな施設を訪れることは厭いません。

うまく育てることができれば、大きな戦力となっていきます。「軽薄型」はある意味、さまざまな可能性を秘めた若者たちであるとも言えるのです。

3 「挫折と再生」をモデルとする

若くして本を出す教師がいます。民間研究会やＳＮＳでのつながりを通じて、さまざまな実践に触れさまざまに交流する。そうした中で教育書出版社の編集者と出会い、やる気にまかせてなんとか一書を書き上げ出版する。そうした経緯が多いのだろうと思います。

しかし、そうした若者の本は一冊で終わることが多いのです。或いはとんとん拍子で続けて出したとしても、三冊程度でぱたりと止まります。その後、仲間を集めて編著を出版するということはありますが単著は出ません。コンテンツが枯渇するのです。

そこで著者としてはつぶれていく若者がほとんどなのですが、中に何割か、長いブランクを経て再び新作を上梓するという者が出てきます。それも若書き時代のものとはレベルの異なる提案性のある著作をです。おそらくは若き日に書いた自著の在り方、それに伴う実践者としての自身の在り方を内省し、新たなステージへと踏み出したのだと思います。この地点に到達した者はその後、安定的なコンテンツ開発を続けていくようになります。著作も定期的に上梓するようになります。

僕は「軽薄型」の若者の育成モデルは、こうした著者たちにあるのではないかと考えています。即ち、「挫折と再生」です。

4 「分析と再構成」がキモである

では、若い著者の「挫折と再生」の長い期間において、いったい何が起こっているのでしょうか。

多くの若手実践者の処女作は、聞きかじった程度の理論と思いつき程度の自分の実践とを粗雑に結びつけて書かれています。自分の実践で本当にその機能が果たされているのかという検討が不十分です。先行実践を踏まえるということもほとんど行われません。結果、コンテンツ（ここでは本のテーマ）を構成する要素を羅列するだけで、そのそれぞれの要素が深く検討されないままに書かれています。新たなコンテンツ開発というものは、その要素同士の深いところでの結びつきを発見し、それらを対比したり類比したりすることで生まれます。表面的な活動（現象）にしか目が向いていない者には困難なのです。

しかし、数は少ないのですが、その後、長い時間をかけて先行研究を整理し、試行を積み重ねることによって自実践を分析し、再構成する者が現れます。ブランクを経て「再生」するには、そうした特徴があります。要するに、まずは勢いで書いた若者が自分の現状の限界に気づき、コツコツと、細かく、自分の頭で考えることによって再生するのです。

僕が言うのは、この経緯を「軽薄型」の育成に応用できないかということです。

5 「できなさ」を自覚させる

学校現場で見られる「軽薄型」の若者も、どこかで聞きかじった程度の理念に基づき、それを思いつき程度の自分の実践と粗雑に結びつけることで、教育活動に取り組んでいます（正直に言うと、若者だけとは言えませんが・笑）。これは著書を出すような「研究」畑の分野に限らず、学級経営、特別活動、生徒指導、部活動などでも同様です。

こうした姿勢で実践志向で取り組んでいると、子どもたちのある一定層に機能しても、別の層には機能しないということが起こります。例えば、ＡＬ型授業に取り組んでいる若者が、成績下位の子どもやおとなしめの子どもたちへの配慮がほとんどなされていないというような場合、或いはある理念で生徒指導に取り組んでいて、その理念を正しいと思い込むあまりに、その理念からはずれるタイプの子どもに逆効果と思えるような指導を施すというような場合です。

しかも、「軽薄型」の若手教師は、自分には「創造性」があると自己認識していますから、自実践の多少の難点には目もくれません。目もくれないどころか、そうした難点が見えていないことの方が多いのです。自分のやり方を正しいと信じ、ぐんぐん進んでいくことになります。なにせ、この若者は「挫折」を経験していない、「万能感」をもった若者です。その信仰にはある種のパワーがあります。こうした姿勢をそのままにしておくと、必ずそう遠くない時期に学校を揺るがすような問題へと発展します。まず間違いなく、深刻なクレームを受けたり、学級が崩れたり、不登校が著しく増えたりといったことが起こります。

では、「軽薄型」の若者を校内で指導するという場合、どのような手立てがあるでしょうか。キーワードは「挫折と再生」です。

校内で「挫折」を味わわせるというのは、現実的ではありません。保護者から深刻なクレームを受けているのにフォローしないのでは、問題が大きくなるばかりでしょう。学級が崩れたり不登校が増えたりしているのに放っておいては、子どもたちに大きな被害が及びます。それではいけません。

校内で「軽薄型」の若者を指導する場合は、いかに「できなさ」を自覚させるか、ということにかかっています。しかし、校内で「できなさ」を自覚させると言っても、「軽薄型」の若者は一般に聞く耳をもっていませんから、なかなか厳しい。僕の場合は、授業を見せてもらったり、生徒指導場面に立ち会ったりして、できていないところ、機能させられずにいるところを細かく指摘する、という手立てを採るようにしています。「軽薄型」の若者にとっては、一つの〈イニシエーション〉（＝通過儀礼）を与えるわけです。

6 「意図」が機能させられていないことを指摘する

授業の場合であれば、時間や指導言を左側に書きながら、右側にそのときどきによくできている点を青ペンで、できていない点は赤ペンで書くことにしています。当然のことながら赤が青を圧倒します。

問題はその指摘を、当の若者がどれだけ納得できるかにあります。それには、本人が意図してやろうとしたことが機能しなかった場面を逐一赤ペンで書いていくことになります。発問や指示を言い換えたとき、意味が変わっていた。活動に入った際、ある子（あるグループ）が指示を理解していなくて戸惑っていたのに、教師が気づかなかった。机間巡視をしたときにこの子とこの子を取りこぼしていた。活動を終えるときにまだ終わっていないグループが幾つあり、それは事前に時間指定をして子どもたちに活動の見通しをもたせなかったからだ。このようなレベルのことを逐一書くわけです。

繰り返しになりますが、若者の気づかなかった点、見落とした点、機能させられなかった点を、若者の「意図したこと」に即して伝えることが重要です。若者は意図自体は絶対的に正しいと考えているわけですから。そしてその「意図」が、否定されるべきネガティヴなものであるということは、まずあり得ないのです。

7 〈リフレクション〉で子どもへの機能性を検討する

生徒指導場面ならば、事後に〈リフレクション〉を行い、子どもに伝わらなかった点、落ちていなかった点を指摘することになります。特に子どもが沈黙してしまった場面に留意します。「軽薄型」の若者は自分の正しさを信じ、美しい方向に話を進めようとしがちです。しかし、その方向にもっていこうとする意識があまりにも強いものですから、問いの意図が子どもに伝わらなくて意図しない方向性の答えが返ってきたり、子どもが答えようがなくて沈黙せざるを得ないという問いを発したりということがよく見られます。

特に〈ダブルバインド〉と呼ばれるタイプの指導は、なんとしてもやめさせなくてはなりません。「どうすれば良かった?」と問いかけ、それに子どもが答えられないと「そんなんだからダメなんだ」と言い、「こうすれば良かったんだと思います」とちゃんと答えると「わかっていたのになぜできなかった!」と責める。いずれを答えても責められるのがわかっていますから、子どもは沈黙せざるを得ない。結果、「なぜ黙ってる!」とエキサイトしていくことになります。子どもは辛くなるばかりです。〈ダブルバインド〉とは、よく運動部の説教で使われるこうした手法のことです。運動部活で育ってきた若者は、そうと知らずにこの〈ダブルバインド〉手法を頻繁に使う傾向があります。

8 ミニマム・エッセンシャルズを指導する

日常的にこうした取り組みをしていると、「軽薄型」の若者も、自分の理念を「機能させる」、自分の指導を「機能させる」ということに目が向いていくようになります。聞きかじりの理念を自分の感覚で咀嚼《そしゃく》したつもりになって指導にあたるというのではなく、機能性を高めることに目を向けて、細かい点に配慮しようと自分の頭で考えるようになっていきます。この姿勢をできるだけ早い段階で身につけさせることが必要です。「軽薄型」の若手育成の成否は、この段階をどれだけ早く迎えられるかにかかっていると言っても過言ではありません。

〈イニシエーション〉を越えると、「軽薄型」の若者も少しずつ、聞く耳をもってきます。自分の理念を「機能させる」ということは、教師が生涯かけて追究する課題の一つですから、少しくらい自分の頭で考える癖がついたからと言って、そのハードルは越えられません。同僚のさまざまな実践に目を向けたり、先人の先行実践を学んだりといった姿勢も見られるようになります。

こうした段階に入ったら、〈ミニマム・エッセンシャルズ〉の指導に入ります。僕の場合、〈ミニマム・エッセンシャルズ〉として次の十の原理を提案しています。

【一時一事の原理】

　一度に一つのことしか指示しない、次の指示は全員が一つ目に指示されたことをやり終えたことを確認してから提示する。

【全体指導の原理】

　学級集団の誰もが知っていなければならないことは、常に全体に指導する。今日はこの子たちに、明日はこの子たちにといった時間差をつくらない。

【具体作業の原理】

　作業指示、活動指示については、言葉による指導で事足れりとするのではなく、必ず準備段階で本番通りにやらせてみる。

【定着確認の原理】

　具体作業によって指導したら、時間を置いて必ずもう一度繰り返しやってみたうえで本番を迎えさせる。

【具体描写の原理】

　指導言（説明・指示・発問）はできるだけ具体的に、具体例を挙げてを旨とする。その際、できるだけ目に浮かぶように「描写する」ことが大切である。

【時間指定の原理】

小集団で作業をさせるときには、終了時の時間差をつくらない。すべての活動に時間制限を設け、できるだけ時間差をつくらずに進めていく。

【即時対応の原理】

問題行動を見つけた場合の指導、子どもから相談を受けた場合の支援、保護者への連絡の三点については、何を措いてもすぐに対応する。

【素行評価の原理】

子どもを評価するときは、できるだけ「素の状態」をつくり「素に近い姿」を評価対象とする。

【一貫指導の原理】

年度当初に決めて宣言した指導基準、活動の方法を年度途中に変更せず、一貫した基準・方法で指導し続ける。

【同一歩調の原理】

教師集団は各々の得手不得手をカバーし合いながら、同一基準で指導にあたる。教師集団は「共同性」を旨とする。

この十の原理は、僕が先行実践を踏まえながら、学級担任が学級集団を指導していくうえで必要な〈ミニマム・エッセンシャルズ〉として提案したものです。詳細は拙著『学級経営一〇の原理・一〇〇の原則』（学事出版・二〇一一年）を御参照ください。

さて、こうした〈ミニマム・エッセンシャルズ〉は、一覧表にして一度伝えれば良いというものではありません。機を見て日常的に定着するまで指導し続ける必要があります。指導には「演繹的な指導」と「帰納的な指導」とがあります。前者は活動をする以前、つまり「事前」にその価値や留意点を語り、その価値・留意点を意識しながら活動することを求めます。それに対して後者は、まずは取り敢えず活動してみます。そしてその活動の後、つまり「事後」に、その活動の体験を踏まえて、その活動の具体と結びつけてその価値や留意点を語るわけです。

教育活動の場合、より若手教師に「落ちる」のは言うまでもなく、「帰納的指導」になります。その指導場面から各原理にあたる出来事を抽出し、その都度戒めたり褒めたりした方が、若手教師としても自らの体験を踏まえているだけに、実感的に理解することができるのです。もちろん、当初は一覧表にしてそれぞれの原理の大枠を伝えることは必要ですが、それで指導が済んだと考えてはいけません。こうした原理・原則というものは「行動変容」を求めるものです。行動はそう簡単には変わらないものなのです。

9 仕事の一つ一つに早めに取り組ませる

「いやあ～、やりたくねえ～！」

ある日の夕方のこと。若手教師が書類の山を前にしかめっ面をしています。今日は残業のようです。どうやら書類の集計作業らしいが、やる気が起きないのでしょう。

それを見て僕は話しかけた。

「仕事を早く終わらせるコツって知ってる？」

「えっ？　そんなの、あるんすか？」

「あるよ。仕事を早く終わらせるコツはねえ……」

若者が前のめりになる。目が見開かれ、ひたすら僕の次の言葉を待っています。

「早く始めることだ。仕事が遅い人は始めるのが遅い。とにかくさっさと始めてしまえば、途中までやった仕事ってのはあれこれ考えることなく早く終わらせようって思うもんだ。そして、なんだかんだで片付いてしまうもんさ」

「なるほど…。さすが堀先生。深いッスねえ～」

「深くねえよ。馬鹿でもわかる。お前は馬鹿以下だってことだ。じゃ、お先にぃ（笑）」

僕の場合、こんな口調で、こんな関係で「軽薄型」若手と付き合っています。

10 「自分の頭」で考えることを促す

次の日の朝のこと。

「堀先生！　先生の言った通り、あのあとすぐに始めたらとんとん拍子で終わりました」

「そうか。そりゃ良かったな」

「これからは、何事もすぐに始めて終わらせることにします」

「そんなふうに変われそう？」

「ええ。変われそうな気がします」

「そう。それじゃあ、変われないなあ、きっと」

「どうしてそういうこと言うんですかあ」

若者はちょっと不満げです。

「たった一度の経験で『変われそうだ』なんて思うその単純さが、人を変化から遠ざけるんだよねえ。そういうもんだ……。変われる人ってのは、毎日の出来事をもっと複雑に分析してんだよ」

彼の決意が一週間ももたなかったのは言うまでもありません。僕はこの手の若者には、何かにつけて「考えろ」「考えろ」と繰り返しています。

はげます――「実務型」の若者と出会ったら

「実務型」の若者は、それほどには困っていないように見えます。少なくとも「依存型」の若者のようには〈困った感〉が見えません。また、「実務型」の若者は職場に迷惑をかけることもあまりありません。少なくとも「軽薄型」の若者のように大穴を空けることはありません。放っておいても自分なりに少しずつ成長はしていくことでしょう。しかし、だからこそ、その成長を促進してあげなければなりません。

「実務型」の若者も日々悩んでいます。しかもその悩みは、教師なら誰もが悩んできた、そんな悩みについて日々葛藤しているのです。先輩教師としてその経験を語り、知り得る方法、

スキルを伝えることにおいて、最も効果を発揮するのは「実務型」の若者です。

「実務型」の若者にはOJTを基本とし、「なぜこの方法が採用されるのか」「なぜこうした決定が行われるのか」「なぜこれをしてはいけないのか」と、その意味・意義を日々伝えていくことが肝要です。

彼ら彼女らは高い能力をもっています。一つ一つの仕事の意味や意義が理解されれば、ちゃんと一人で走り出すことができるのです。走り出すまでにほんのちょっと時間がかかるだけです。先輩教師として、成長の背中を押してあげれば良いのです。

はげます

1　多くの若手教師には資質がある
2　若手教師は確認事項をイメージできない
3　決定事項の意味・意義を確認する
4　指導の言葉の意味・意義を確認する
5　「なぜ」と指導とを結びつける
6　〈HOW〉の問いではなく〈WHY〉の問いをもつ
7　自力でできることは自力でやらせる
8　早い段階で「一芸」をもたせる
9　一番の励ましは学校教育の意義を語ることである
10　「前に進むための基礎体力」を考えさせる

1 多くの若手教師には資質がある

最近の若者は基本的には真面目です。真面目というよりも「生真面目」と言った方が良いような若者たちがほとんどです。教員採用試験の倍率が落ちてきているとはいえ、教員免許を取得できるような大学を卒業し、採用試験にも通ってきたわけですから、多くの若手教師たちには基礎的な理解力も十分に備わっています。その意味で、僕のイメージでは新採用教員の五〇～六〇％程度は「実務型教師」です。

ただし、最近の若者は何かにこだわりをもって取り組んだり、自分から何かをやりたいと言ったりすることが少なくなってきています。教師としての理想像が、「仕事をそつなくこなすこと」にある場合が多いのです。その意味で、管理職はもちろん、先輩教師の言うこともよく聞きますし、自分に与えられた役割はしっかりと果たそうとします。

しかし、難点が二つあります。一つは、自分に与えられた役割を果たそうと頑張りはするのですが、その一つ一つの仕事の意味をわかっていないので、仕事の出来が不完全になりがちだということです。もう一つは、保護者のクレームを怖れるあまり、子どもへの対応が弱腰になりがちだということです。保護者対応に至っては、昔と違い、ほぼすべての若手教師が苦手としている現実があります。

2 若手教師は確認事項をイメージできない

最近の職員室はかつてと比べて、上意下達で動くようになっています。とは言っても、管理職の命に応じて動くというわけではありません。会議や打ち合わせと称してかなり細かい部分まで決められ、それに従って各教師が動きます。決定事項を破ったり不完全だったりすると、非難されることも少なくありません。そして、この打ち合わせにおける決定事項が、ほぼ主任レベルの教師の意向で決定されるのです。事実上の上意下達です。

こうした運営の仕方自体に賛否はあるでしょうが、ここではそれを問いません。問題なのは、この「打ち合わせ」と称される決定事項が、ものをわかっている教師、つまりはある程度の経験を経ている教師にしか伝わらない言葉で伝えられているということです。多くは「明日の朝の学活で～について指導してください」「今日の放課後、各担任の方で事情を聞いてください」「これについては～するを原則としましょう」など、抽象的な言葉によって確認され、どのようにするのか、なぜするのかは語られません。

これでは、若手教師にはわかりません。それをしなくてはならないということはわかっても、子どもたちにどう語れば良いのかがイメージできないのです。最近の学校現場は誰もが忙しそうで、細かく質問することもはばかられます。

3 決定事項の意味・意義を確認する

朝学活で全学級一斉指導が行われる場合があります。例えば、地域から道路の通行態度が悪いと苦情電話が来た場合、校内で器物破損が発見された場合、地域に変質者が出た場合など、全学級で一斉指導をすることになります。

しかし、朝学活で指導するということは確認されたとしても、若手教師には何をどう語れば良いのか見えません。そうした若手に配慮して、最近はシナリオ型で言うべき台詞を書いたプリントが配付されることもありますが、ないよりは良いとはいえ、経験のある教師の多くはそれをそのまま伝えるのではなく、要所を押さえながら自分の経験からいろいろ付け加えて指導しています。

ところが、若手教師はその台詞をそのまま伝えることになります。他人のつくった文章をそのまま読むと、どこか浮遊した印象を与える語りになります。それは政治家や行政官のスピーチを見ればわかるはずです。若手教師の語りにはそれと同じことが起こります。結局、相対的に指導の効果は低くなるわけです。これで指導効果がなく、その若手教師の学級で問題事案発生というようなことが起こると、その若者はひどく落ち込むことになりかねません。

僕はこのシナリオ型のプリントはダメだと思っています。中堅・ベテラン教師には無用の産物ですし、若手教師にはそれに頼る姿勢をつくり出します。しかも、つくっている側は落ち度がないようにとアリバイづくり的に必要な項目のすべてを盛り込みますから、実際にそれを話す場面では、まず間違いなく一つ一つの項目が薄くなります。それが羅列的に語られるわけですから子どもたちに伝わるはずもありません。

時間がないとき（午後に発生して帰り学活で伝えなければならない、といった場合）なら別ですが、そうでない場合ならば、僕は若手教師にその指導の意味・意義を伝え、強調しなくてはならないポイントを説明してあげるべきだと考えています。そして、どう語るべきかを若手教師に考えさせるのです。時間はかかりますし、若手教師も悩むことにはなりますが、こうした葛藤を経た若手と経ていない若手とでは、数か月後から数年後を想定すれば格段の差が出るはずです。

打ち合わせの決定事項も同様です。この確認はなぜ行われるのか、何と何をしっかりと確認することがポイントとなるのか、子どもたちにどのように語るのが一般的なのか、そうしたことを決定事項とともに打ち合わせの中で取り上げるのです。特に、この確認が行われないとどのようなネガティヴ事象が起こると想定されるのか、それを語ることが重要です。おそらく、中堅・ベテランにも参考になるのではないでしょうか。

4 指導の言葉の意味・意義を確認する

「実務型」の若手教師には、早い段階で生徒指導場面に立ち会わせることが重要です。特に何をさせる、何をしてもらうということがなくても、立ち会わせて自分の指導場面を見せるのです。僕の場合、学年主任として新卒教員を受け持つと、最初の数か月程度は必ず立ち会わせることにしています。その若手教師が担任している生徒だとしても、生徒指導は僕が行います。その場面を見せるわけです。

生徒指導が終わると、〈リフレクション〉が始まります。そこでは、「どうして俺はああ言ったと思う?」「あのとき、○○くんが黙っていたのはどうしてだと思う?」「嘘を突き通そうと思っていた○○が、正直に話すことになったポイントは何だと思う?」「なぜ、正直に話した方がいいと思ったんだと思う?」といった問いが中心となります。若手教師がそれに一つ一つ答えていき、「そうだね」「それは違う。だって〜って場面があっただろ?」と返していきます。時間にして三十分くらいでしょうか。

キーワードは「なぜ」「どうして」です。要するに、理由を問うわけです。それによって、一つ一つの指導言には意味があり意図があるのだということを理解させることが目的なのです。それが一つ一つの指導の意味・意義ということになります。

若手教師に限りませんが、一般に教師は「どのように指導すればいいか」と、〈方法〉を考えがちです。しかし、指導の言葉というものは、〈なぜ〉〈何を〉〈どのように〉言うかという三段構えなのです。しかも、理由なく何を言うかは絶対に決まりませんし、何を言うかなくしてどのように言うかなど決まるはずもないのです。理由のない指導の言葉は、ただ思いつきを言っているに過ぎません。

生徒指導は原則として、①起こった事実の確認、②その事実の全体像の確認、③その行為が相手にどのような迷惑・被害をかけたかの確認、④反省すべき点の確認、⑤今後の対応（謝罪や弁償など）の確認、⑥保護者対応の確認と進んでいきます。この流れに応じて一つ一つを生徒に問いかけ、確認していく。それが生徒指導です。僕が若者を生徒指導に立ち会わせるのは、この原理原則と僕のそのときどきの指導の言葉とが対応していることを理解させることなのです。

こうした対応は僕の経験上、早ければ十回程度の立ち会いで、遅くとも二十回程度の立ち会いで若者に理解されるものです。その段階で、今度は若者に生徒指導をさせ、僕が立ち会うという期間に入ります。これは五回から十回程度。こうして初めて、一人で生徒指導をさせても良いという段階が来るのです。

教えもしないで、「さあやれ」というのは無謀以外の何物でもありません。

5 「なぜ」と指導とを結びつける

若手教師を「励ます」と言うと、「頑張れ」と言ったり何か褒め言葉を伝えたりしてやる気を喚起することのように捉えられがちです。しかし、そうした言葉は空虚です。やることが理解されていなければ頑張りようがありませんし、課題が自覚されていないと褒め言葉は胸に刺さらないのです。

僕が打ち合わせで決定事項の意味・意義を、生徒指導で指導言の意義・意味をというのも、この意味においてです。こうした試みは若手教師にとって、「課題」として意識されます。「課題」が明確にあってこそ、「やるべきこと」が具体的に定まります。課題があってやるべきことが見えてくると、「越えるべきハードル」も具体的に見えてきます。

「越えるべきハードル」を意識しながら取り組んだとき、初めて指導も褒め言葉も機能するのです。「この部分ができていなかったね」「この部分は良かったけど、この部分が足りなかったね」「まずまずだ。及第点だね」「今日はうまくいったね」「今日みたいにやればもう一人前だよ」といった普通の言葉が、若者に伝わる素地ができるのです。

そこでは、具体的な指導と「なぜ」とが結びついていなければなりません。「なぜ」なき指導は、思いつきであり行き当たりばったりに過ぎないのです。

6 〈HOW〉の問いではなく〈WHY〉の問いをもつ

教師は〈HOW〉の問いを抱きがちです。どうすればあの子は立ち歩かなくなるのか。あの子を授業に引き込む何か良い方法はないか。あの子はどうしたら理解してくれるんだろう。そんな問いたちです。これらは教師の目が「方法」に向いています。「方法」は子どもたちの〈外〉にあります。先行実践や本の中に。

これを〈WHY〉の問いに変えてみます。なぜあの子は立ち歩くのか。なぜあの子は授業に参加できないのか。なぜあの子は理解できないのか。途端にその子自身に内在している理由に目が向きます。この問いを抱けば、打開策が見えてきます。その子の状況が具体化して見えてくるからです。

実は若手教師の指導においても原理は同じです。この若者はなぜ○○ができないのか。逆に、なぜ、○○については難なくこなせてしまうのか。こんなふうに若者を見てみると、その若者の背景に興味がわいてきます。「なんでこれできなかった?」「ねえねえ、なんでこんなことができるの?」と訊けば、学生時代の経験や思いもよらぬ趣味といったものが明らかになるかもしれません。そうした中でわかった趣味・特技は、もしかしたら学年の行事で活かせるかもしれないのです。

7 自力でできることは自力でやらせる

「実務型」の若者とは言っても、ある種の傾向をもっているはずです。学級経営や生徒指導、行事指導や部活動指導など、要するに子どもたちとコミュニケーションを取るタイプの仕事を得意としているのか、それとも教科研究や道徳・総合研究、教育課程や事務仕事など、教務・研究系の仕事を得意としているのかが最も大切です。

前者ならば、学級づくりや生徒指導については吸い込むように学んでいきます。学級づくりや行事への取り組みならば、こちらが勉強になるようなアイディアをもっていたりもするほどです。事務系の仕事に苦手意識をもっている場合が多いので、それぞれの事務仕事の進め方や優先順位を細かく指導することになるでしょう。

反対に後者ならば、授業づくりや事務仕事については、その意味や意義を伝えるだけで自分なりに工夫して取り組んでいきますから、細かくやり方を指導する必要はないかもしれません。逆に、子どもとのコミュニケーションの取り方や生徒指導については、なかなかうまくいかないと悩んでいる場合も多いので、綿密な指導が必要となります。

その若者の背景がわかれば、こうした指導の使い分けもできるようになります。自力でできることは自力でやらせるのが一番良いのです。

8 早い段階で「一芸」をもたせる

その若者がある程度成長し、そのタイプがわかったら、ある一つのことに集中して取り組ませることも必要です。例えば、コミュニケーション型の若者であれば、生徒指導や行事指導、児童会・生徒会活動などから、どれか一つに中心的にかかわらせます。教務・研究系の若者なら、道徳や総合など教育課程にかかわる仕事を一つ担当してもらうと良いでしょう。小学校ならある教科の運営案を任せてみるのも良いかもしれません。

僕は、教師というものは二十代で「一芸」をもち、三十代で「二芸」を身につければ一生安泰である、という言い方をしています。これだけは自分は負けない、これについては大得意にしている、そういう領域があれば、その得意なものを活かしながら教師生活を豊かに過ごしていける、という意味です。何事も一つのことを徹底して得意とするということは、その得意なことの中に他のことにも応用できる原理があるものです。学芸会のステージ発表を得意としている人は、それを応用して学級づくりを展開していけますし、道徳や総合の研究に勤しめば、いずれ教育課程の全体像へと発想は広がるものです。こうした「連動して発想するサイクル」に入ったとき、人は自立できるのです。

新卒から五年以内に「一芸」をもつ。人を育てるにはこうした観点も必要なのです。

9 一番の励ましは学校教育の意義を語ることである

「なんか自分が嘘言っている気がして……。うちの学級、明らかに運動能力低いじゃないですか。それを頑張って優勝しようとか言っている自分がどうも……」

学級担任は行事のたびに子どもたちをその気にさせなければなりません。しかし、実際には運動に向かない学級もあれば、合唱に向かない学級もあります。教師から見れば、やらなくても結果は見えている。そういう面はあるものです。

「例えばさあ、仕事上でうまくいかないことってあるよね。みんなで一所懸命に取り組んだのに、どうも結果が出ない。そんなときだ。でも、そんなときでも、職員室で、学年教師陣で力を合わせたら、なにかそれを打開できる手立てってあるように思わないか？人間ってそう信じないとやっていけないんだよね」

若者はうなずきながら聴いています。

「でさ、逆境に陥ってもみんなで力を合わせりゃなんとかなるかも……って信じられるのはどうしてだと思う？　何がそう信じさせている？　その信じる力はどこで培われた？俺はそれを学校で学んだと思うんだ。これが学校教育の一番の意義なんじゃないかな」

手を変え品を変え、学校教育の意義を語ってあげることが大切です。

10 「前に進むための基礎体力」を考えさせる

「逆境に身を置かざるを得なかったとき、そこで諦める人と諦めない人との違いは、そこで前を向けるか否かなんじゃないかな。逆境において前を向ける人は、どこか世の中を信じ、どこか人を信じているところがある人、そんな印象がないかい？　誰だって前を向きたい。でも、前を向くには前を向くための基礎体力のようなものが必要である。その有無を決める大きな要素の一つに学校でどう過ごしたかがあるような気がする」

自分のかつての学校生活と、いま教師として子どもたちに向かい、子どもたちに送らせている学校生活と、両者をリンクさせて考えられる若者は少ない。そんな若者たちに僕はいつもこの言葉を投げかけることにしています。

学力を上げてあげられない。行事で結果を残してあげられない。自分の力不足で子どもたちに申し訳ない。若い学級担任はいつもそんなふうに悩み、迷い、戸惑っています。「でもね、きっと『みんなで取り組んだ。それが楽しかった。有意義だった』っていう経験さえ与えられたら、教師の仕事ってのは八割方成功してるんだよ」

僕の経験から、割と若者たちに力を与えられる言葉のように感じています。担任教師の悩みはいつもそこにありますから。

ほっとく――「創造型」の若者と出会ったら

「創造型」の若者に出会うと正直、ゾクゾクします。この若者は僕に何を学ばせてくれるだろう。その期待を抑えられないのです。「創造型」若手にはなかなか出会えません。僕の三十数年の教員生活でも、この手の若者と出会えたのはたった二人です。

多くの人たちは〈制度の中〉で慎ましく生きています。教師には特に、そうしたタイプが多いかもしれません。地道に、実直に仕事を進めていく、それを美徳と考える、そうした人たちです。

しかし、「創造型」の若者は、〈制度を超えるもの〉と出会うことを美徳と考えています。こ

こでは見えない「あちら」、こちら側にいては手の届かない「あちら側」を見てみたい、そうした若者たちです。楽をしたいとか、自慢したいとか、地位を得たいとか、評価されたいとか、そうした浮世の基準でものを考えない若者たちです。いま見えていないものを見てみたい、それだけを動機に仕事をこなし、実践に邁進し、〈熟考〉し続ける若者たちです。

先輩教師としては、自分に見えている程度の世界観で指導しようとせず、その若者に興味をもち、その若者をおもしろがり、その若者が軋《あつ》轢《れき》を起こしたときにちょっとだけ助けてあげる、そんなスタンスをもつことが肝要です。

ほっとく

1 「創造型」の若者は生意気であることが多い
2 若者に「自分以上」を想定する
3 若者のやることをおもしろがる
4 最低限の基準を満たしている者に文句は言えない
5 「自分に見えていないもの」に自覚的になる
6 〈熟考〉は外からは見えない
7 同僚との軋轢はフォローする
8 若手に対する「配慮」の視座をもたせる
9 味方でいると宣言しつつ、結論は任せる
10 〈制度を超えるもの〉に美徳を感じる

1

「創造型」の若者は生意気であることが多い

「創造型」の若者は、どちらかと言えば生意気であることが多いのが特徴です。自らに自信をもっていますから当然と言えば当然のことです。

しかし、ただ生意気なわけではありません。「創造型」の若者は状況に応じて、さまざまな情報を集め、自分なりの〈最適解〉を見つけようと日々考えています。つまり、〈思考力〉が高いのです。その〈思考力〉の及ぶ範囲は、あなたが少しくらいの経験年数を経て身につけてきた「思考の想定範囲」を凌駕《りょうが》しています。ですから、あなたが経験を盾に「こうしたらいいよ」「こうしなければいけない」とありきたりの方向性を強制すると、かえって軋轢《あつれき》を生むことになります。

「先輩力」の最も大切で最も難しい構えの一つは、「自分より能力の高い若者がいる」ということを素直に認められるか否かです。人には自分と同質のタイプの若者を可愛がる傾向がありますが、もう一つ条件があって、人は一般に、自分より能力的に低い者でなければ可愛がられないのです。いかなる世界であっても、有能な組織の長の下から、それ以上に有能な者が現れないのにはそうした構造があります。その意味で、「創造型」の若者は周りから遠ざけられることも少なくありません。

2 若者に「自分以上」を想定する

多くの先輩教師は、自分以上の能力を見抜くことができません。人は自分の想定している範囲内のことしか見えませんから、それはある意味仕方のないことです。

しかし、若者が自分の想定範囲にないことを始めようとしたときに、「そんなにやりたいならやってみろ」とそれを認められるか否かということには、「先輩力」の器の大きさに天と地ほどの差があります。自らの想定範囲にあるものだけで仕事を進めるのならば、「実務型」の部下を集めて上意下達で仕事を進めるのが最も効率的です。しかし、それは「自分に見えるもの」でしか考えないということを意味し、仕事が自分の能力の範囲内に閉じられることを意味します。それでは仕事に発展性がありません。

また、人は自分の見たいものしか見ない、見たくないものは見えない、見ようとしないという特徴ももっています。その意味では、「創造型」の若者が取り組もうとしていることの意味を考えようとはしない傾向に陥ります。自分に自信のある先輩教師ほどこの悪弊に陥りやすいと言えます。

僕らは教師です。教職を生業《なりわい》としているならば、子どもたちだけでなく、自分のもとにいる部下に対しても「自分以上」になることを夢みたいものです。

3 若者のやることをおもしろがる

「先輩力」のキモは、後輩教師のやろうとしていることに、或いはそうした発想をするその能力に、「興味」を抱けるかどうかにあります。特に、一見生意気で自分勝手に見える「創造型」の若者に対して、煙たがるのではなく、「おもしろがれる」かどうか、ここにこそポイントがあります。

「創造型」の教師は、自分のやりたいこと、やるべきと考えていることに重きを置くため、普通の教師がきちんとやらなければならないと考えている事務仕事等に関して、手を抜いているように見えることがあります。或いは行事の反省文書等は提出しないなどということもあります。きちんと計画を立て、その計画に従って運営していこうと考える、頭の固いタイプの教務系教師から見ると、いいかげんに見えることさえあります。

しかし、「創造型」教師の仕事を総合的に見てみると、プラスとマイナスでは圧倒的にプラスの方が多いのです。よく観察してみると、手を抜いているように見える事務仕事にも、要所はきちんと押さえられ、最低限のルールは守られているものです。「創造型」の若者から見れば、効果がそれほどないと思われる事務仕事は最低限だけを守り、もっと効果の高いことに時間を割いているわけです。

4 最低限の基準を満たしている者に文句は言えない

「創造型」の若者は、効率を考えているために手を抜いているように見える部分があると述べました。しかし、あくまで手を抜いているように「見える」であって、本当に手を抜いているのではありません。

事務仕事については、決められたルール（「学校運営要綱」に載っているような）の最低限で提出しているに過ぎないのです。例えば、点検を伴うような事務仕事（例えば評定や通知表の作成要領のような）には点検項目が書いてあります。しかし、よく文書を読んでみると、それらの点検項目は「これだけは確認しなくてはならない」という最低限の基準で書いてあることが多いのです。あとは各自の良心に任されているわけです。なんとなく、多くの教師が、教師ならそれ以上の仕事をするものだという感覚をもっていますが、それが基準である以上、その最低限の基準を満たしていれば、明文化されている以上文句は言えないはずです。「創造型」の若者が手を抜いているように見える仕事には、そうした仕事が多いのが現実です。もしもそれがいけないと言うのであれば、職員会議を通して、新しい基準を決めれば良いだけなのです。

「創造型」の若者が手を抜いているように見えるのは、こうした構造によります。

5 「自分に見えていないもの」に自覚的になる

「創造型」の若者が効率を考えて、ある領域において最低限の仕事しかしない。それで事足れりと判断する。しかし、それで「創造型」教師がいわゆる〈コスパ〉を考えて仕事をするタイプだと思うのは早計です。その若者にはもっと大事なこと、もっと時間をかけてやりたいことがあるのであって、そうした「手抜き仕事」に見えかねない効率化は、あくまで「時間を生み出すこと」を目的になされています。

その仕事を重要だと考えている先輩教師から見れば「手抜き」に見えますが、それは価値観の違いにすぎません。特に、その仕事を教育の根幹だと考えるようなタイプの教師とは軋轢《あつれき》を起こすことにもなりますが、そうした教師には「創造型」の若者が大切にしている、時間をかけて取り組もうとしていることの意義が理解できないだけです。長い年月をかけてその仕事を重要だと考え続けてきた者には見えないだけなのです。

そして、そうした姿勢の裏にあるものに興味を抱けるか、「彼は何を考えているんだろう」「彼女は何をしようとしているんだろう」という興味を抱けるか、それを「おもしろがれる」か、そこにこそ「創造型」の若者を育てることができるか否かの試金石があるわけです。こうした構えをもちたいものです。

6 〈熟考〉は外からは見えない

そこを手を抜くならば、そこを最低限で済ませるならば、そしてそれによって時間を生み出すというのならば、その生み出した時間で「創造型」の若者は何かに一所懸命に取り組んでいるはずだ、しかし何かに取り組んでいる様子も見られない。やはりあいつはただ楽をしたいだけなのだ。こう考えるのもいけません。

「創造型」の若手教師というのは、常に〈最適解〉を見つけようとしています。要するに自分の頭で考える、日々〈熟考〉し続けていることにこそその本質があるのです。〈熟考〉は端から見れば、何もしていないのと同じです。〈熟考〉だからと言って、腕を組んでしかめっ面で考えているべきだというのはナンセンスです。子どもや同僚と雑談に興じたり趣味に興じたりしているときに、ふとアイディアが浮かぶ、ブレイクスルーが起こるということもあり得るのです。中には買い物やパチンコをしている最中に思い浮かぶということさえあり得ます。端から見て真剣に見えるかどうかは、実はまったく関係ないのです。〈創造〉とはそういうものです。

僕の若い頃には、居酒屋やバーのカウンターで、隣り合わせた見知らぬ客と会話しているうちに新たなアイディアを思いつく、ということがよくありました。

7 同僚との軋轢《あつれき》はフォローする

「創造型」の若者が、周りからどう見えるかということがある程度は理解されたでしょうか。こういう姿勢で仕事に臨んでいますから、「創造型」の若者をよく思わない同僚、評価しない管理職というのは確実に現れます。特にその若者とあまり話をする機会のない他学年の教師や、実直さを売りにするタイプの管理職と、軋轢を起こす可能性は高いと言わざるを得ません。

こうしたときに、直属の先輩教師が、「まあまあ、そう言わずに。彼にも思うところがあるみたいなんで、もう少し長い目で見てあげてください」と煙に巻くとか、「わかりました。私からよく言っておきます」と言ってその場をごまかすとかして、そうした軋轢から「創造型」の若者を守れるかというところに、その若者が開花するか否かがかかっています。要するに、懐《ふところ》の深い上司のもとでしか、そうした若者の能力は開花しないのだということです。

「創造型」の若者を育てられるかどうか、「自分以上の能力をもつ者」を開花させられるかどうかは、先輩教師の懐の深さに、広さにかかっていると言っても過言ではありません。その意味では、先輩力の発揮しどころとも言えます。

8 若手に対する「配慮」の視座をもたせる

「創造型」の若者が「創造型」の若者になるには、三年から五年程度の経験が必要とされます。そうした若者は〈熟考〉を日常としていますから、仕事が何を基準にどのようにまわっているのかが理解されなければ、「創造型」にはなれないのです。僕の経験から言って、新採用から数年は「軽薄型」の若者に見えることが多いようです。

「創造型」の若者は、自分で正しいと思ったことについては、周りのことを考えずに「走る」ことがあります。中堅・ベテラン教師ならそれによって困ることはありませんが、同じ部署に新採用数年以内の若手教師がいる場合にはそうもいきません。「創造型」教師に引き摺られて戸惑うこともあり得ます。そうした場合には、先輩教師として、「若者が困らないように配慮してね」ということだけは伝えます。「創造型」若手は必ず、〈熟考〉の末にその手立てを考えるようになります。もしもそれをしないのであれば、その教師は「創造型」ではなく「軽薄型」にすぎません。

また、「創造型」の若者には早めに〈立場〉を与えてあげると、一気に力量を高めていきます。学年主任や各種校務分掌の長は、さまざまに配慮しながら人を巻き込まなければ成立しない仕事です。それをできるだけ早く経験させるのです。

9 味方でいると宣言しつつ、結論は任せる

「僕、人間関係結ぶの苦手なんです。短気だし、礼儀知らずだし……」

僕が学年主任となった折り、僕の学年に所属することになったある中堅教師が言いました。酒席でのことです。相当呑んだあと。時計は既に十二時を回っていました。

彼のことは前年度から観察していました。確かに人間関係づくりが得意とは言えない。短気も礼儀知らずも当たっていなくはない。何より、自分より年上の者とよく軋轢《あつれき》を起こす。管理職にさえ納得できないことに関してはものを言う。周りの彼に対する評価も賛否両論だ。でも、僕は彼を買う側でした。

「まあ、そんなことは気にするな。おまえはおまえのスタイルを貫けばいい。俺は納得してフォローするし、俺も賛同すれば一緒に闘ってやるよ（笑）」

「ずいぶん格好良いこと言いますね（笑）」

「そうかい？　たとえ世界を敵にまわしたとしても、この一年間だけは俺はお前の味方でいるよ。それが俺の上司の哲学かな。まあ、俺が信用できるかどうかは一年間で判断すればいい。来年のことは来年考えればいいさ」

味方でいることを宣言しつつ、結論は任せる。この姿勢が大切です。

10 〈制度を超えるもの〉に美徳を感じる

「まったく正論ばっかり吐きやがって……」

ある若手教師が煙草を吸いながら憤っていました。職員会議におけるちょっと冒険的な提案が、教務主任の正論によって退けられて悔しがっているのです。

「じゃあ、殴りつければ?」

僕は冗談めかして言いました。

「堀さんは僕の提案どう思いました?」

「俺はやってみてもいいかなと思ったな。おもしろい発想だとも思った」

「ほら、堀さんなら理解してくれるじゃないですか。やっぱり教務が頭固いんですよ」

「世の中には二種類の人間がいるんだよね。制度の中で慎ましく生きることを美徳と考える人と、制度を超えるものに出逢うことこそを美徳と考える人と。教務主任は前者、俺は後者。そういうことだ。でも、教務主任みたいな人を説得できるような案を考えられないで怒ってるだけじゃ、やっぱりおまえも制度側の人間だと思うよ。制度につぶされたから諦めようとしてるわけだろ? だからそんなに腹立ててんだもの……」

「創造型」の若者は〈制度を超えるもの〉に美徳を感じる人種なのです。

つたえる——こんな時代でも伝承すべきは

変化の激しい世の中です。学校現場も年々、著しく変化しています。そんな変化の中では良かれと思って若者に指導したことが、時代が変わって使えなくなってしまうということも多くなってきています。

では、変化の激しい時代には、何を伝承し、何を伝承する必要がないのか。先輩教師としては悩みどころになってきています。年齢が上がれば上がるほど、時代の変化との感覚のズレが大きくなります。その意味では、年齢が上がれば上がるほど、この悩みは尽きないのかもしれません。

「不易と流行」という言葉があります。

「いつまでも変化しない本質的なものを忘れない中にも、新しく変化を重ねているものをも取り入れていくこと」を意味する言葉です。昨今は、学校現場でもマスコミでも時代の趨勢に従っての教育情勢、つまりは「流行」ばかりが話題になります。しかし、その「流行」が言葉の通りに訪れては行き、また訪れては消えと、長く基準になり得ない様相を呈しています。

ここでは、こうした時代において、何を伝承すべきと考えれば良いのか、それを判断する基準は何かということについて考えます。今後も続いていくものは何か。この変わりやすい時代において変わっていないものは何か。そこを考えていきます。

つたえる

1　一歩立ち止まって考えることが必要になった
2　時代が変わっても変わらない普遍的な構造がある
3　普遍構造に基づいて指導事項を選択する
4　「全体像」を把握するために多くを経験する
5　自分の「全体像」をもつ者だけが他人の「全体像」を知る
6　常に〈WHY〉と問い続け背景を探る
7　〈満足解〉ではなく〈最適解〉を選ぶ
8　〈制度を超えるもの〉を想定する
9　自分を許してあげられる
10　「失敗してもいい」というメッセージを送る

1 一歩立ち止まって考えることが必要になった

よく、恩は「返すもの」ではなく「送るもの」と言われます。

親から受けた恩を返せないのと同じように、若かりし頃に先輩教師から受けた恩は、自分が恩を返せるくらいに成長した頃には、もうその先輩は引退していたり鬼籍に入っていたりするものです。従って、先輩から受けた恩はその先輩に直接返すのではなく、自分の後進たちに送るのだというわけです。「恩送り」とはよくできた言葉です。

しかし、これがなかなか難しい。そのときどきの成長の手立てというものは、ことのほか時代の影響を受けやすいものです。その時代の社会の機運に左右されるわけです。自分が若かった頃とは時代が異なっている。特に最近は時代の変化が早く、自分が若かった頃に流行していたもの、誰もが賞賛していたものが、いまでは批判の的になっているといったことも少なくありません。特に、二十世紀末まで当然だった社会のメンタリティがいまでは通用しないという例が多く見られます。

その結果、自分の感覚で正しいと思っていることをそのまま若者に伝えると、こっぴどくしっぺ返しを喰らうというような例も見られるようです。若者を指導するという場合に、「一歩立ち止まって考える」という段階が必要になったわけです。

2 時代が変わっても変わらない普遍的な構造がある

年配者になればなるほど、時代の変化が最近急にやってきたように感じられるものですが、決してそうではありません。

僕は八十年代後半に学生生活を送り、九十年代初頭に教職に就きました。経験年数は三十年とちょっとです。確かに学校を取り巻く状況は、二〇一〇年代に大きく変化しました。教師の一人ひとりの裁量が奪われ、対学年主任、対各種主任、対管理職への報告・相談がやたらと増えました。また、各種特別委員会という名の細かな打ち合わせの数が、それまでとは比べ物にならないほどに増えました。現在、何らかの主任になると、週に三から四度の会議に出席しなければならないのが現状です。「働き方改革」の機運が、これに輪をかけて時間を奪います。こうした職員室の在り方を見ていると、バブル世代の僕は閉口します。

しかし、これらの変化は決して、急に起こったのではありません。二〇〇〇年代以来の学力低下論議とその反動による学力向上論議、学級崩壊論議と保護者クレーム論議、そしてそれらに伴う不適格教員論議と指導力不足教員論議、キレる子ども論議と教育基本法の改正論議、能力別学級編成論議と習熟度別学級編成論議と学校選択制論議、特別支援教育論の台頭と多様化社会論議、デフレ脱却論議と公教育の実学志向論議、経済成長論議とエリート教育論議、一斉授業の不評と個別最適化教育論議と、数え挙げればキリがないほどのさまざまな議論の結果として現在があるのです。おそらく今後も、政財界の要請と学校教育の抵抗とのさまざまな軋轢《あつれき》の中で、さまざまな変革の波が押し寄せてくることでしょう。しかもその変化の波は年々早く激しいものになってきていますから、十年後の学校の姿は、僕らには想像のつかないものであるに違いありません。そしてその変化は、学校教育を必要とする国民的コンセンサスが失われ、学校というものが解体されない限りは続いていくのだろうと思います。

一方、そこで毎日奮闘し続ける教師の側はどうかと言えば、教師の側も変化に鈍感だったのではないかと思います。僕は先にも述べたように九十年代初頭の採用ですが、僕らよりちょうど十年下の世代、現在四十代であるロス・ジェネ世代の感覚を理解できません。現在の四十代は教員採用がとても厳しかった世代であり、そもそもが職員室内にあまり数がいないという世代でした。僕らの世代から見ると、ずいぶんと「守り」に入っているという印象がありましたが、彼らがなぜそんなにも「守り」に入っているのか、その印象の所以、そのメンタリティの構造は、僕らには最近まで理解できていませんでした。

とにかく、ずいぶんと職員室に若者を見ないという時代が続き、やっと若者がどの学校にも一定の割合でいるという状態になったのは、団塊の世代の大量退職が始まった二〇〇〇年代の半ばから後半にかけてのことです。「若手教師の育成が必要だ」「意図的・計画的に育てないとたいへんなことになる」と声高に叫ばれるようになったのは、この頃のことです。それ以前の職員室は、「子は勝手に育つ」とばかりに若手育成においても放任主義がはびこっていたのです。まさに隔世の感があります。

おそらく十数年前までの若者たちが放任主義下でもやっていけたのは、職員室内が、社会と連動した「人はさまざまな失敗をしながらも少しずつ成長していくものだ」という空気に満ちていたからだろうと思います。この空気は社会と連動していますから、職員室の同僚だけでなく、保護者にも子どもたちにも共有されています。その空気に後押しされる中で、かつての新卒教師は失敗しながら力量を高めていけたのです。

とすれば、教師の成長には、当時の「空気」にあたるような、当時の若者たちを有形・無形に育てた、当時はそれほど意識されていなかった普遍的な〈構造〉があったのではないか。教師が育つには最初はこういう段階があり、続いてこういう段階がありその後にはこういう段階がある、そのためにはこうした構えをもつといい、そんな「構造」です。そしてそれは、少しくらい時代の波によって学校環境が変化したとしても、本質的には変わらない普遍的な「構造」なのではないか。僕はそう考えています。

3 普遍構造に基づいて指導事項を選択する

言うまでもないことですが、職業生活には四十歳くらいに分岐点があります。四十歳くらいまでは〈往路〉、四十歳を超えると職業生活は〈復路〉に入ります。〈往路〉は自分に力をつけること、自分の力量を高めること、つまりは自分の「貯金」を増やすことにその本質があります。四十歳を過ぎると自分の成長よりも他人へのフォローや意志決定が仕事になっていきますから、なかなか自分の成長のために時間や労力を使うことが難しくなっていきます。どちらかというと貯金を切り崩しながら仕事をすることになります。僕が〈貯金する往路〉〈貯金を切り崩す復路〉とよく言うのはこうした意味です。

しかし問題は、実はこの貯金の仕方であり、貯金の切り崩し方にこそあります。

若者が貯金をする場合、学級経営ひと筋、部活動ひと筋、実践研究ひと筋という貯金の仕方をします。中堅になると、生徒指導ひと筋、進路指導ひと筋なんていう人もいます。しかし、〈往路〉でこういう貯金の仕方をしていると、〈復路〉に入っていろんなタイプの若者をフォローしようとしたり、いろんな系統の仕事が複雑にからみ合う事案について意志決定しようとしたときに、切り崩す貯金がないという事態に陥ります。大学の先生や研究者なら「専門外ですから…」と逃げることもできるかもしれませんが、公立学校の教師の〈復路〉にそんな言い訳は通用しません。結果、得意分野中心の狭い領域を基準とした偏ったフォロー、偏った意志決定になってしまうわけです。

学校の仕事は大きく分けて、生徒指導系と教務・研究系に分かれます。特別活動系と教育課程系と言っても良いかもしれません。学級づくりや生徒指導、行事指導や部活動指導は前者ですし、授業研究や道徳計画づくり、進路指導や校内研究といった仕事は後者です。こう考えてみると、生徒指導ひと筋とか、進路指導ひと筋とかでやってきたというプライドの抱き方が、ずいぶんと狭い領域だけを相手にしたプライドだということが見えてきます。部活動ひと筋なんていうのは、更にある一つの競技種目を想定して言っているわけですから更に狭くなります。〈往路〉におけるこうした貯金の仕方は、やはり来るべき〈復路〉を考えたときにはまずいのではないか。そう僕は思います。

「若手を育てる」というとき、年長者は、〈貯金の仕方〉についてより広い視野をもてるように導いてあげることが大切です。それも、その若手が好きでやっていること、それを中心に据えながらも、学校教育の他の領域がどんなふうにそれと関連しているのかをちゃんと語ってあげる、そういう導き方が必要です。例えば、部活動にいそしんでいる若者に対して、「ほら、部活動の指導と学級づくりはこんなに共通点があるんだよ」とか、「ほら、部活動のこの原理は授業づくりのこの原理と似通っているだろ」とか、「ほら、部活動の時間を確保するために、教務主任はこんなふうに教育課程を工夫しているんだよ。きみが部活の指導に打ち込めるのは教務の行事計画の賜なんだよ」とか、こうしたことを教えてあげられる先輩教師でありたい、そういうことです。

こんなふうに若手を指導したりフォローしたりしているうちに、なぜこの指導はうまくいったのか、なぜこのフォローはうまくいかなかったのか、そんな視点が年長者にも生まれてくるものです。指導やフォローがうまくいったりいかなかったりという経験を踏まえて、それらが意志決定の観点にも大きく活きてくるはずです。こんな〈復路〉の在り方こそが、貯金を切り崩しながらもまた新たな次元で蓄えを増やしていく、そんな〈復路の貯金〉の本質なのではないか、それこそが成長し続ける教師の〈復路〉の在り方なのではないか、僕はそんなふうに考えています。若手のために、他人のために時間と労力を使ってこそ、初めて得られる成長というものがこの世には確かにあるのです。

〈往路〉で貯金し、〈復路〉で貯金を切り崩す。しかし、〈復路〉には〈復路〉なりの〈復路〉に至らないとわからない貯金の仕方がある。この「構造」は、おそらく学校教育にどんな変化の波が押し寄せたとしても変わらない普遍構造でしょう。若手教師に先輩として指導するというときは、常にこうした普遍構造に基づいて何は指導すべきで何は指導すべきでないかという指導事項を選別すべきだと思うのです。

4 「全体像」を把握するために多くを経験する

できるだけ早い段階で「全体像」を理解することが重要である。これも普遍構造であると言えます。

そのためには、できるだけ早く全学年を経験することが必要です。一度も一年生を担任したことのない小学校教師は、入門期の指導を知らないままに教育活動を重ねることになります。つまり、いま目の前にいる子どもたちがどのような基礎的指導を受けて小学生になったのか、それを知らないで子どもたちに接するということになるわけです。また、一度も卒業生を出したことのない中学校教師は、やはり半人前と見做されます。いま行った指導が、いま指導しているトラブルが、卒業期の「教師―生徒関係」にどのように多大な影響を与えるかを知らぬままに生徒に接していることを意味するからです。

また、「全体像」を理解するためには、できるだけ早い段階でできるだけ多くの校務分掌を経験することも重要です。生徒指導専門教師や教務専門教師、研究専門教師になるのは、二十代にはふさわしくありません。「〇〇一筋」になるのは、あくまで「全体像」を理解した後に、自分の適性に応じて選択されるべきです。

若手教師にはできるだけ早く「全体像」をつかめるよう助言すべきでしょう。

5 自分の「全体像」をもつ者だけが他人の「全体像」を知る

もちろん、「全体像」というものは、経験を重ねたからといって把握できるものではありません。四十代、五十代になったからといって全体像を把握できているというものでもありません。すべての学年、すべての分掌を経験したからといって全体像を把握できるとも限りません。おそらく多くの管理職だって、全体像を把握しているとは言い難いというのが正直なところです。むしろ、ベテラン教師が百人いれば、百通りの「全体像」があるというのが偽らざる真実かもしれません。

しかし、この世界では、「自分の全体像を知る者は他人の全体像を知る」ということが言えます。自分なりの「全体像」をもたない者は他人の「全体像」を想像することができません。職員会議での意見の違いや、生徒指導上の方針の違いがあって意見交換をするとき、ベテラン教師同士が大きな軋轢《あつれき》を生じさせることなく、互いを尊重し合いながら大きな方向性を出していけるのは、お互いの譲れるところ・譲れないところを把握し合うことができるからです。言い換えるなら、お互いがお互いの「全体像」を探り合って、お互いの譲れないところを尊重しながらも子どもたちが不利益を被らないように現実的な方向性を産み出しているわけです。自分の「全体像」は他者理解の規準になるのです。

6 常に〈WHY〉と問い続け背景を探る

「この教材、どうやって授業しようか」
「どうすればあの子は漢字が書けるようになるのか」
「どんな授業をすれば子どもたちは真剣に授業に向き合ってくれるのか」
「どうしたらあの子が立ち歩かないようになるのか」
「あの子と人間関係を結ぶためのなにか良い方法はないか」
「子どもたちが夢中になって行事に取り組む、なにか手立てはないか」

多くの教師は日常的にこのような問いを抱きます。前にも述べましたが、これらはすべて、〈HOW〉の問いです。どこかにこの教材の良い授業方法があるに違いない、それがわかればいいのになあ、と思う。どこかにあの子が漢字を書けるようになる指導法があって、それを知っていさえすれば、こんなにあの子の漢字指導に苦労することはないのに、と思う。どこかに子どもたちが夢中で取り組むような授業の仕方はないだろうか、それがあれば自分も良い授業ができるのに、と思う。〈HOW〉の問いは、目が子どもたちに向いていません。どこか、子どもたちの外に素晴らしい方法があって、それを知りたい、そうすれば現状が変わるのに、そう言っているのです。

しかも、実は教師が〈ＨＯＷ〉の問いを発するとき、それは根っこのところでは、子どもたちのためでなく自分自身のためです。そんな素晴らしい方法があれば、子どもたちも落ち着いて、自分は楽ができるのに……そう言っているのです。僕はこれを「〈ＨＯＷ〉の欺瞞性」と呼んでいます。

しかし、〈ＨＯＷ〉の問いをいくら投げかけてみても、現状は変わりません。この世には目の前の子どもたちを、その子ども自身を劇的に変える素晴らしい方法など存在しないからです。目の前にいるのは他の子とは換えることのできない、この世にたった一人の具体的な子どもであり、具体的な子ども集団です。その子に、或いはその子たちに適した学習方法を立案できるのは、その教師だけなのです。この構造も普遍です。

教師は〈ＨＯＷ〉と問うのではなく、〈ＷＨＹ〉と問うべきなのです。「この教材、どうやって授業しようか」と問うのではなく、「この教材はなぜ、教科書に載っているのか」と問えば、「その教材の良さは何か」という教材に内在した価値に目が向きます。「なぜ、あの子は漢字が書けないのか」「なぜ、あの子は立ち歩くのか」と問えば、その子の背景に目が向き、保護者と面談してみようと思うかもしれません。「なぜ、自分はあの子と良好な関係を結べないのか」と問えば、何か外にある方法をと考えるのではなく、自分の普段のその子への接し方に目が向き始めるはずです。すべてが具体的な子ども理解、具体的な子ども集団理解、そして教師としての自分に対するメタ認知という方向に向かうわけです。目の前の子どもの問題、目の前の子どもたちとの関係に関する問題は、いま、この場の具体的な問題なのです。具体的な問題は具体的に考えないと解決の方向性は見えません。それをある知識を通じて分類して何が相応しいと決める（＝ＷＨＡＴ）のも、これを使おうとそれに相応しいスキルを選ぶ（＝ＨＯＷ）のも、〈ＷＨＹ〉を考え抜いた後にすべきなのです。

出来事の所以を考えることなく、方法を考えるのは日本人の悪い癖です。学校長や教委が何かに取り組むことを強制してきたとき、政治家が何らかの新しい政策を発表したとき、多くの人々は「ヴィジョンも示さずに何を言ってるのか」と批判します。実は教師が、起こっている現象の理由・所以を考えぬままに方法はないかと模索しようとするのにも、同じ構造があります。子どもたちはどんな方法を採ったとしても、「なぜ、それをするのか、ヴィジョンを示せよ」と思っているかもしれないのです。

「〈ＨＯＷ〉から〈ＷＨＹ〉への転換」は、「その子の背景をしっかり考えて」とか「コンテクストにこそ目を向けて」とか言った言葉で、教育界に流布しています。しかし、思考回路としてそれを日常的に使える教師は少ないという現実があります。若手教師ならば尚更です。この原理も早い段階で確実に伝えなくてはならない普遍構造です。

7 〈満足解〉ではなく〈最適解〉を選ぶ

人は誰もが多くの場合、〈最適基準〉ではなく、〈満足基準〉で意志決定しています。それは能力の高い人でも能力の低い人でも変わりません。ただ一般に能力の高い人というのは、〈満足基準〉で選んでいる場合でも〈最適基準〉に近い選択肢を選択する、或いは周りからはなにもしていないように見えても〈最適解〉を探し出そうと思考しながら日常生活を送っている、そんなライフスタイルを常としています。

〈最適基準〉とはあらゆる選択肢の中から最適なものを選ぶことであり、〈満足基準〉とは目についた満足できるものを選ぶことです。人は多くの場合、意志決定において〈最適基準〉（仕事をするときにすべての可能性を洗い出したうえで最も相応しい手立てを取るというような）で選択するのではなく、〈満足基準〉（飲みに行くのに何軒か店を覗いてみてここならまあいいかなと選ぶというような）で選択するというわけです（『がんばると迷惑な人』太田肇・新潮新書・二〇一四年一二月）。

仕事をするうえでは、〈満足基準〉で手立てを選択するのではなく、できるだけさまざまな可能性を考えて選択肢を広くし、その中から相応しいと思われる〈最適解〉を選ぶべきでしょう。これも若手教師に伝えるべき基準になります。

8 〈制度を超えるもの〉を想定する

世の中には二種類の人間がいます。〈制度〉に逆らわず、〈制度〉の中で慎ましく生きることこそを美徳と考える者と、〈制度〉をものともせず、〈制度を超えるもの〉と出会うことこそを美徳と考える者と……。僕は明らかに後者です。

若者と出会うとき、特にその若者が自分の下で働くことになったとき、僕はその若者がどちらのタイプなのかをまず考えるようにしています。僕は基本的に、制度なんてものは人間を束縛するくだらないものだという人生観をもっています。僕の同僚たちも僕に受け持たれた生徒たちも僕を「自由人」と呼称しますから、僕は自分が考えている以上に、周りから見てかなり自分勝手で周りの人たちや組織の利益に配慮しない、そういうタイプの人間なのだろうと思います。

別にそう生きるべきだと言いたいわけではありません。多くの人たちが〈制度〉の中で生きることを美徳と考える人たちでないと、社会が機能しないだろうと僕でさえ思います。しかし、世の中にはそれに反するような人間がいて、そういう人間も生産性を高めることに一役買っているのだということは理解しておく必要があります。そうしないと、若者を見誤る可能性が出てきます。

9 自分を許してあげられる

「どうして、私ってこんなんなんでしょう……。同じ失敗ばっかり繰り返して」

ある若手教師が生徒を責めすぎてしまいました。数週間前に同じように生徒たちを追い込んで生徒たちを落ち込ませてしまって、「もう少し言い方を考えてみようか」と学年主任の僕に指導された経緯がありました。

「きっとね、そんなふうに自分を強烈に責めちゃう人だから、生徒たちも同じように責めちゃうんだよ。世の中に言われたこと、指摘されたことを瞬く間に直せちゃう人なんているると思うか？」

「それは……いないかもしれませんね」

「だろ？（笑）いいんだよ。同じ失敗くらい、何回か繰り返すのが当たり前だ。そういうのも含めて人間だよ。そして教師ってのは機械じゃなくてあくまで人間がやってんだ。そんなことは生徒も保護者も百も承知だ。それより、肩の力を抜いて、自分の失敗を許してあげることだな。たぶん、自分の失敗を許してあげられる教師だけが、子どもたちを許すことができる……。そういうもんなんだと思う」

自分を許してあげられる人間は、心に余裕をもって子どもたちに接することができます。

10 「失敗してもいい」というメッセージを送る

「失敗する人と失敗しない人の違いってわかる？」

あるミスをしてしまった若者に声をかける。

「なんですか？」

「失敗する人は、この方法は成功すると思って臨む。だからうまくいかないと落ち込むことになる。でも、失敗しない人は、この方法は実験だと思って臨む。実験には成功も失敗もない。ただ結果があるだけだ。うまくいくという結果、うまくいかないという結果、どちらが出ても一喜一憂したりしない。その結果を踏まえて次を考えるだけだ。失敗しない人ってのは、成功する人のことではなく、失敗を失敗だと感じない人のことなんだ」

この言葉をいったいどれだけの若者に投げかけたでしょうか。それだけ若者には失敗が多いということでもあります。

失敗を失敗として真摯《しんし》に反省し、今後改めようとする姿勢は確かに尊いものです。しかし、まだまだ右も左もわからない若手教師にとって、成功などというものはほとんどないのが現実です。「失敗してもいいんだよ」というメッセージは、若者にとって何より大切です。致命的にならないようにフォローするのは、先輩教師の仕事なのです。

つながる――こんな時代の信頼関係とは

ＳＮＳを通じて「つながる」ことが容易にできる時代になりました。それに伴って公的な場での「つながり」は劇的に希薄になりました。職場で共有されている世界観が必ずしも一般的でないことが明らかにされてしまったのです。

もちろん長年教職にある者にとっては、どこの学校に行ってもそれほど大きく変わらないことが熟知されています。しかし教職経験の浅い若手教師にしてみれば、ＳＮＳで見聞きする他校の様子が、自分の学校とは劇的に異なるよう見えます。職員室が、或いはリアルに接する公的な場が、「相対化」して捉えられる時代に入ったのです。

かつて「つながる」とは、仕事上の結びつきのみならず、情的にも交換し合うことのできる特別な言葉でした。同僚との深い「つながり」が若手教師を大きく成長させるということもたくさん見られました。しかし現在、ＳＮＳでの「つながり」と比較されたとき、同僚との「つながり」は自らが選択したものではない、自らが主体的にかかわろうとしたわけではない、いわば「強制的」に向こうからやってきた「つながり」と意識されるようになりました。ここでは、「公的なつながり」を少しでも豊かにしていくにはどうすれば良いのか、そうした発想で話を展開していきます。

つながる

1　一緒に成果を上げたという思いが人を結びつける
2　飲み会とは同調圧力による私的時間の搾取である
3　「つながる」ことの意味が変容していく
4　「つながる」ことのハードルが高くなった
5　「全人的な信頼関係」を結ぶことは幻想である
6　「公的な信頼関係」を築く
7　下の世代に教育係の具体を担ってもらう
8　「つながり」は時空を超える
9　さりげない日常のやりとりが「つながり」をつくる
10　日常にパターンをつくることは実は稀有なことである

1

一緒に成果を上げたという思いが人を結びつける

多くの人は仲が良くなったから一緒に良い仕事ができるようになると発想します。そこで例えば新年度、新しい学年団が発足するとまずは酒席を設けて、懇親の場としようという計画がなされます。日本では昔からあることです。

しかし、既にいろいろな場で申し上げていますが、僕はこれを逆だと思っています。仲が良くなったから一緒に良い仕事ができるのではない、一緒に良い仕事をしたという事実が人を仲良くさせるのです。チームで成果を上げた、自分もその成果を上げることに貢献した、このチームで各々が貢献すればきっとこれからも良い仕事ができるに違いない、そうした思いがそのチームへの愛着を高め、更なる意欲を生んでいくのだ、ということです。従ってチームの長が第一にすべきことは、酒席を設けることではなく、誰もが納得するような成果を上げることなのです。

これを勘違いしている主任クラス、管理職が多いことに僕は長く憤慨しています。学校現場の多くは、歓迎会・忘年会・送別会の幹事を校務組織を使って割り当てています。これは既に飲み会が公務であることを表しています。しかし、勤務時間外の飲み会が公務であるはずがありません。

2 飲み会とは同調圧力による私的時間の搾取である

顔合わせの懇親会が悪いとは僕も言いません。有志で飲むのならなんの問題もありません。しかし、学校現場の多くの酒席は、勤務時間外であるにもかかわらずある種の強制力をもっています。もちろん、主任クラスや管理職からすれば、顔合わせ会にはメンバー全員に参加してもらいたいと思うでしょう。しかし、もしもそれが強制力を伴うものだとしたら、それが公的なものであることを認め、ちゃんと回復措置を設定すべきです。自分たちが慣例としてやってきたことが、同調圧力による私的な時間の「搾取」であるということをしっかりと認識すべきでしょう。

最近の若者に、酒席を嫌う人が多いのは周知の通りです。勘違いしてはいけないのは、酒が嫌いなのではありません。酒が好きだという若者はたくさんいます。嫌われているのは酒席です。公的な、仕事上のつながりでしかないメンバーで酒席を囲むことと、奪われた私的時間との釣り合いが取れないのです。

僕は五十代半ばで酒も大好きですが、僕でさえ職場の酒席は割に合わないと思っています。コロナ禍がもたらした唯一の良い点は酒席がなくなったことだと感じています。たとえコロナが終息したとしても、職場の大規模な酒席が復活することはないでしょう。

3 「つながる」ことの意味が変容していく

コロナ・パンデミックを通過したことで、おそらく職員室の「人と人とのつながり方」は劇的に変わることでしょう。情緒でつながることを旨とし、これからも酒席でつながろうとする一部の人たち（必ずしも年配者ばかりとは限らない）と、あくまで公的な場で仕事の成果を伴った新しいつながりを求めるこれまた一部の人たちと、あくまで仕事とプライベートは別であると考え、職場の人との勤務時間外のつながりは一切求めないという一部の人たちと、三派に分かれると思われます。

年度変わりに伴う歓迎・送別の儀は、アルコールなしで勤務時間内に行われることが通例となっていくものと思われます。もちろん、有志での飲み会、仲の良い同僚同士の個別の飲み会は残るでしょうが、職場全体によるホテルを借りてといった懇親会の形は、開催するのがかなり困難になっていくはずです。

飲み会について否定的なことばかり言ってきましたが、僕が言いたいのは、今後は「つながる」という言葉の指し示す意味自体が変わっていくのではないか、ということです。同じ職場だから付き合う、同じ学年だから飲みに行くといった感覚は廃され、情緒的なつながりは職場でもごく少人数で個別的なものになっていくだろうと思います。

4 「つながる」ことのハードルが高くなった

実は二〇一〇年代のＳＮＳの台頭以来、「つながる」ことは大ブームを迎えています。「今日は同じようなことを考えている人とつながった」「今日は新しい〇〇な人とつながることができた」といった文言が、ＳＮＳ上を席巻した時期がありました。最近は一時期ほどそうした投稿を見なくなりましたが、それは「つながり」ブームが下火になったというよりも、それが話題とされなくなるほど当然のことになったということでしょう。その勢いはいまだ衰えていないのです。

しかし、この「つながり」ブームにおける「つながり」は、あくまで私的な「つながり」です。自らの指向性に従って自ら納得する形でつながる「つながり」のことなのです。つまり、各々がその人とつながることが自分の益になると納得できる、その人とつながることが自らの主体的で能動的なものであると自覚できる、そうした相手とのみつながりたいと思う、そうした「つながり」なのだということです。

職場が同じというだけの人間関係の相手となんとか酒席をともにしようと思ったら、例えて言うなら異性をデートに誘うような、ある程度の地位のある人を酒席に誘うような、ある種のハードルの高さを伴うようになったと考えればわかりやすいかもしれません。

5 「全人的な信頼関係」を結ぶことは幻想である

年齢が高くなれば高くなるほど、「つながり」とは教育理念的にも情緒的にも深い人間関係、つまり「全人的な信頼関係」のことだと考える傾向があります。しかし、そうした関係は、少なくとも一般的には、仕事上の公的な関係では求められない時代に入ってきています。私的な場ではそれに相応しい私的な「つながり」があるように、公的な場では公的な場に相応しい公的な「つながり」の在り方があるのだと考えなくてはなりません。

若者にとって、上司である人間と食事をするというのは、私的な場ではあり得ません。それはあくまで「仕事」です。会計を自分がもつのだから良いだろうという考えも通じません。居酒屋の食事をおごってもらった程度で、上司とともにする二時間は割に合いません。酒席がダメなら学校で話をすればという考え方も通用しません。それはその面談がなければ進んだであろう自分の仕事に取り組む時間を奪うことでしかないのです。

これを「世知辛い世の中になった」と思うか、「かえって楽になった」と思うかは人それぞれです。しかし、年配者が抱くかつての「全人的な信頼関係」というものが、実は「信頼関係」という名の「師弟関係」に近かったということは認識すべきだと思います。そうした関係を欲するのであれば、自分も私的な場で紡げば良いのです。

6 「公的な信頼関係」を築く

現在、若者との、或いは部下との「信頼関係を結ぶ」というとき、その信頼関係はあくまで公的な場における公的な信頼関係のことです。もちろん、長い時間をかけて、それが「全人的な信頼関係」へと発展することはありますが、指導する若者のすべてにそれを求めることは不可能です。

それなら若手教師とのつながりなど求めない、わざわざ自分が時間と労力をかけてまで育てる必要はない、そう考えるのも一つの判断であると言えます。若者からの質問や相談がない限りは、特にコミュニケーションは取らないという在り方は、ストレスを軽減するうえではかなり有効と言えます。

しかし、自分が若かった頃に先輩教師にお世話になったという思いがあり、「恩送り」の思想を抱く程度には若者への期待をもっているというのであれば、公的な場の公的なつながり方というのを考えてみるべきではあるでしょう。僕はむしろ、「つながり」を公的な場のものとして考えられないことこそが、「全人的な師弟関係」を前提としてきた昭和以来の日本人の悪弊だと考えています。日本人は「公」の観念をもつことなく、上の者が下の者に滅私奉公させ、支配し続けてきたのです。

7 下の世代に教育係の具体を担ってもらう

現在、「公的な信頼関係」とは、先輩教師から見れば「危機に陥ったときにはいつでも助けてやるよ」という構えであり、若手教師から見れば「危機に陥ればいつでも助けてもらえるからやれることを思い切ってやろう」とする構えをもつ、そうした上下関係のことです。従って、危機に陥ったときに自分を守る方向で助けてくれたと若手自身が認識するような事実がない限り、信頼関係は生まれません。或いはＯＪＴで親身になって徹底的に指導してくれたという事実がない限り、「公的な信頼関係」さえ生まれ得ないのです。

自分の学年に新採用教員が配属されてきたというとき、その学校の世代構成にもよりますが、目処として言うならば、三十代前半までなら私的な人間関係を結ぶことを目指しても良いかもしれません。三十代後半から四十代ならＯＪＴを徹底するということになるでしょうし、五十代ならば、若者が生徒指導上の大きな危機や学級運営上の大きな危機に陥ったときに、特に保護者対応で力を発揮することが最も信頼を得られるでしょう。それ以上の若者との緊密な関係は、五十代は四十代に、四十代は三十代に、三十代は二十代後半に、「任せる」という構えをもつことが有効です。学年主任だからと言ってすべてを自分が担うのではなく、一つ下の世代にその役割を担ってもらう方がチーム力形成への近道でもあります。

僕が四十一歳のときのことです。学年主任をしていたときに、新卒の女性教師が僕の学年に配属されたことがありました。僕はこの女性教師の教育係を新卒から三年目の男性教師に任せました。新卒の女性教師にはその先生の指導をよく聞くこと、指導係の男性教師には困ったときには僕に相談すること、適宜指導の経緯を報告すること、叱るときだけはその役目を僕や副主任が担うことの三点を伝えました。この取り組みは新卒の女性教師だけでなく指導係の教師をも大きく成長させました。指導係の教師にとっても、二年間で僕から教わったことを後輩教師に教えることによって、筋道立てて考えることができたわけです。おそらく彼の頭の中では、〈ミニマム・エッセンシャルズ〉の体系化の思考が進んだのだと思われます。後にこの男性教諭は二十代で学年主任を担い、その後も高い力量をもつ教師として活躍を続けています。ついでに言えば、この二人はその後結婚しました。いまは日本人学校を職場とし、夫婦でマレーシアに住んでいます。

それから十数年が経ちます。その後も僕は学年主任として、一度に四人の未経験者を担当したり、二人の新採用教員を担当したりしましたが、常に教育係を設けたり教育担当者を分担するようにしてきた経緯があります。そして、間接的な指導であったとしても、ちゃんと「公的な信頼関係」を築くことができたと自負しています。

8 「つながり」は時空を超える

「つながる」と言うと、何か魔法のような言葉がけによって劇的に若者との人間関係が深まるとか、毎日何かを続けることによって次第に人間関係が構築されるとか、そうした印象を抱かれるかもしれません。しかし、そのような劇的な特効薬などありません。「つながり」は直接的・間接的な、まさに小さな「つながり」を重ねていくことによって、その「つながり」の濃度や密度を高めていくしか手立てはないのです。「つながる」ことは確かに〈結果〉でもありますが、と同時に、それは「つながる」ことによってしか成立し得ない〈過程〉でもあるのです。

実はSNSを通じての若者たちの「つながり」も、見ていると年長者が思い浮かべるようなそれほど深い「つながり」ではありません。それはつながっている人の数でカウントされるような、年長者から見れば「つながり」とは言い難いような薄い「つながり」に過ぎません。そこに「自分が選んだ」「主体的に選択された」というアリバイづくりにも似た基準があるだけです。その意味では、僕らがよく見る「子どもたちのつながり」と同質の、「不安定なつながり」に過ぎません。そもそも僕自身が、セミナー後の懇親会で二、三分しゃべっただけの若者に、「堀先生とつながった」と投稿されたことが何度もあります。そのたびに、「自分はその程度のことを『つながり』とは言わないな」という違和感を抱いてきました。

しかし、職員室での先輩・後輩の「つながり」は、たとえ公的な仕事上でのつながりに過ぎなかったとしても、それは膨大な時間を共有したつながりであることだけは確かなのです。その若者たちが年齢を重ね、自分にも後輩ができたとき、自分が主任として若手教師を育てなければならない立場になったとき、「そういえば、自分が若い頃もいろいろ助けてもらってよくしてもらったな」と思ってもらえる。そして、「恩送りしなきゃ」と思ってもらえる。「つながり」＝「公的な信頼関係」とは、そうした時空を超えて機能するものではないか、僕はそんなふうに考えています。

少なくとも数年後、数十年後のこの若者が、「自分は若い頃、何もしてもらえなかった」「自分は若い頃、困っていたのに助けてもらえなかった」と思うことのないように、来るべき〈復路〉において自分のもとにいる若手を助けようとは思える程度の関係を築くことができれば、それは十分に「つながり」の名に値するのだろうと思うのです。目の前にいる若者と自分との「つながり」は、決してその二人の関係に閉じられているわけではありません。その若者が学校の中核を担うとき、新たな世代に真剣に向き合うことによって、名も知らぬ将来の教師とも「つながる」ことを意味しているのです。

9 さりげない日常のやりとりが「つながり」をつくる

学級編制会議でのことです。僕は学年主任でした。若手中心の学年団なので、三十そこそこの男性教師にいわゆる「重たい学級」をもってもらわなければならない状況にありました。他の学級よりも問題傾向生徒の人数が多いわけです。

彼自身はそれなりに自信をもっている優秀な教師だったのですが、さすがに学年の中核を担うのは初めてで少々不安があったのでしょう。期待されているんだな、頑張らなくちゃいけないいんだなという思いを抱いて、照れ隠しの意図もあったのかもしれません。

「大丈夫かなあ……。荒らしちゃうかも……」

彼は頭をかきながら、おずおずとした上目遣いでニヤリとしました。

「おまえの学級が荒れたら仕方ない。そのときは俺もおまえと心中する！」

僕は間髪を入れずに言い切りました。学級編制会議の空気が張りつめ、互いの目が合って一瞬の間ができます。

数秒後、彼と僕は同時にニヤリを浮かべました。彼の歯の白さが印象的でした。

さっ、次行こ。会議は再び、淡々と進み始めました。

こんなさりげない日常のやりとりが「つながり」をつくるのだと僕は信じています。

10 日常にパターンをつくることは実は稀有なことである

「なんか、子どもたちが心から楽しめることをやってあげようと思ってるんです」

ある日、学級レクを企画するとか、授業にゲーム的な要素を採り入れるとか、そういうことの大好きな若手教師が言いました。

「悪いことじゃないと思うけど、そういうの考えるのにどれくらい時間と労力かけてるの？　あっ、別に批判してるわけじゃないよ」

僕は興味があって訊いてみました。若手は考えてみたこともなかったようで、考え込んでいます。その楽しいことを考えることに時間と労力をかけすぎていて、日常のなんでもない授業やおもしろくもない活動を、ほんとになんにもなくておもしろくないものにしてしまっている……そんなことがよくあるものです。

「いつも同じことをやるってのは安心感を与えるだけじゃなくておもしろいって要素もあるんだ。ほら、『サザエさん』だって『バイオハザード』だって毎回ワンパターンじゃん。ワンパターンだから些細な違いを愉しめるってことが世の中には確かにあるんだ」

日常にワンパターンをつくることができたら、それは実は安定的な「つながり」がつくられたということなのです。

きたえる──私的な場で若者と出会ったら

研究サークルを結成して三十年以上になります。ずーっと代表を務めてきました。

そこでも多くの若者たちと出会いました。

全国でセミナーに登壇するようになって二十年以上が過ぎました。そこでもたくさんの若者たちと出会ってきました。

自分の身を実践研究の場に置き続けることは、自分を成長の場に置き続けることと同義だと考えています。サークルやセミナーはあくまで私的な場に過ぎませんから、自由が利きます。若者を育てるという場合も、誰に遠慮することなく、何に縛られることもなく自由にできます。

僕はこうした私的な場で出会う若者に対して

は、公務で出会う若者に対する十倍、数十倍の単位で厳しく接してきました。自分以上の提案者になってほしいと思うからです。

私的な場においては、僕は自分のもとから「去る者」は追いませんが、「来る者」は拒むことがあります。見込みのないと判断した者とは付き合わないことにしています。それがその若者のためだとも感じています。そこが公務で出会う若者とは決して相容れないところです。

ここでは、私的な場、主に研究サークルに集う若者をどう育ててきたかについて語っていきます。

きたえる

1　責任を伴わない私的な場では本気で育てる
2　人間関係の基本は「GIVE & TAKE」である
3　個性に応じてコンテンツを開発させる
4　提案性の高いコンテンツを開発すれば結果はついてくる
5　「批判」こそが礼儀である
6　自分の「提案」のみに集中する
7　研究理念を一つに絞ってはいけない
8　十年の時を経ずして見えてきたものはすべて幻想である
9　先の見える方でなく先の見えない方を選ぶ
10　実践研究なんて結局は「道楽」である

1 責任を伴わない私的な場では本気で育てる

同僚の若者とは長くても数年の付き合いです。しかし、研究サークルやセミナーで出会う若者たちとは生涯の付き合いになる可能性があります。その意味で、職場の同僚と研究サークルとでは「出会い」の意味が異なります。

僕は研究活動で知り合う若者にはかなり厳しく接しています。実践研究というものは公務とは異なり、必ずしもやらなければならないことではありません。中途半端な育て方をしても、どうせ長続きしません。だったら出会いの段階からかなり高い理想を掲げて厳しく接することで、出会いの段階で篩《ふるい》にかけてしまおうというわけです。

そんな感じですから、十人中八人は一年ももたずに僕のもとを去っていきます。僕はそれで良いと思っています。公務で出会う若者であれば、僕にはその若者を育てる責任が生じます。しかし、研究活動ではその責任は伴わないのです。前節「つながる」でも述べましたが、ここでの「つながり」は職場のように公的に強制されたものではなく、若者が自ら選択した主体的な「つながり」です。そこでは僕も本音ベースで、遠慮することなく、本気で育てることにしています。もしかしたらこうした場があることで、僕の「若手育成の構え」はバランスを保っているのかもしれません。

2 人間関係の基本は「GIVE & TAKE」である

僕は私的な場で出会った若者とは、どれだけ年齢が離れていても「GIVE & TAKE」の関係でなければならないと考えています。こう言うと、「僕が教える代わりに僕の手足となって動け」という意味だと捉えられると思います。しかし、そうではありません。研究的に「GIVE & TAKE」でなければならないと考えているのです。

僕は新しい若者がサークルに入会すると、次のように告げることにしています。

「三年間だけ一方的に学んでいい。でも、三年経っても学ぶ一方で、サークルに益をもたらさないようならやめてもらう。研究会の運営とか、こまごました雑務とか、汗をかけと言っているわけじゃない。そんなことなら俺たちでもできる。貢献するってのは、研究的に貢献するってことだ。三年後にはきみ自身が俺たちに学ばせるようなコンテンツを開発しなければならない。簡単に言えば、堀がうなるようなコンテンツを開発しろってことだ。その期限が三年だ」

多くの若者はこの言葉にビビります。しかし、この言葉にビビるようなら、実は先が知れているのです。この程度の覚悟のない者に、僕は時間と労力を割こうとは思いません。私的なサークルは慈善団体ではありません。僕だって学ぶ主体なのです。

3 個性に応じてコンテンツを開発させる

「おまえは何をやりたいんだ？　どういう教育観をもち、どういう授業観をもち、どんな実践がしたいんだ。俺たちにわかるように説明してくれ。僕らは何か共通の教育理念があってそれを広めようっていう運動体じゃない。メンバー一人ひとりがやりたいことをもっていて、メンバーがそれぞれのやりたいことを理解していて、それぞれのやりたいことを実現するために異質な立場から異質な見解を言い合って、補強しながらそれぞれのやりたいことを実現していく、そういうサークルを目指している。だから、堀の追試をしたらうまくいきましたなんていう報告は一切いらない。そんなの、俺にとってはあたりまえだ。うまくいくことだけを提案しているんだから。俺の追試なんかしている暇があったら、自分のやりたいことに試行錯誤する方が十年後のためになる」

入会して最初に越えなければならないハードルがこれです。

サークルメンバーの各々の「GIVE & TAKE」の関係は、それぞれがそれぞれの個性をもち、その個性に応じて多様なコンテンツを開発しなくては成り立ちません。その意味で自分の興味の対象は何か、自分のやりたいこと、追究したいことは何かについて、できるだけ早い段階で自覚することが必要なのです。

4 提案性の高いコンテンツを開発すれば結果はついてくる

「人前に立ってかっこつけたい」「本を出したい」「有名になりたい」、こうした不純な動機が見えてきたときにも去ってもらうことにしています。セミナーに登壇したり名前と顔が売れたり著書を上梓できたりというのは、〈結果〉であって〈目的〉ではありません。僕らとの実践研究活動を通じて、〈提案性〉の高いコンテンツさえ開発すれば、自然と登壇依頼も来るようになるし、著書の依頼も来るようになるし、必然的に名前も顔も売れるようになるのです。まずは〈提案性〉の高いコンテンツを開発することです。

もちろん、〈提案性〉の高いコンテンツが開発されれば、僕としても編集者を紹介して著書を書かせるということはないわけではありません。しかし、実際のところ、僕がこれまでに編集者に勧めたのは、藤原友和くんの「ファシリテーション・グラフィック」と山田将由くんの「音読指導」と千葉孝司くんの「不登校対応」の三冊だけです。しかも山田くんと千葉くんは特にサークルメンバーというわけではありませんでした。僕が編集者に紹介するのはあくまでコンテンツの〈提案性〉であって、人間関係の密接さではないのです。僕のもとにいる多くの人たちが、セミナー登壇時に編集者と出会い、僕の手を介さずに何冊も著書を上梓するに至っています。

5 「批判」こそが礼儀である

全国のいろいろなところに呼ばれて、若者の模擬授業を講評してほしいと言われることがあります。しかし、多くは模擬授業の体をなしていません。僕はダメなものはダメだということにしています。そんなとき、ひどく落ち込み、懇親会で僕に近づいてこない若者と、懇親会で僕に食い下がり、質問攻めにする若者とがいます。前者が圧倒的に多いのが現実です。そして「堀先生は怖い」という評判が立つことになります（笑）。

しかし、批判されて落ち込むのなら、そんな場に最初から立たなければ良いのです。民間の実践研究の世界は、決して自分を守るところではありません。自分を守りたいのなら、こんな危険な場に最初から来なければいいのです。

「民間研究の場は公務じゃない。やりたい人間だけが集まる特殊な世界だ。いま自分には見えていない世界を見てみたい、いまとは違う自分になりたい、そんな健全な野心をもつ者だけが集う場だ。そこでは『批判こそ礼儀』なんだ」

僕は心ある若者にはこう伝えることにしています。本音を言えば、肯定的な感想など無駄だと考えています。必要なのは①なぜその活動が機能したかという分析、②建設的な批判、そして③自分ならこうするという代案です。

6 自分の「提案」のみに集中する

僕は自分と近しい若者にはよくこんなふうに言うことがあります。

「自分の模擬授業を批判されて落ち込むのは、実は準備が足りなかった証拠なんだよね。いろんな可能性を考えてちゃんと準備したら、講師の指摘に『あっ、自分が捨てた案だ。そうか、そっちを採用すべきだったか』とか、『わあ、それは僕には思いつかなかった。さすが講師だ』とか、いずれにしても講師に訊いてみたくて仕方なくなるもんなんだ。だから、思考が学びに向かう。落ち込んでいる余裕なんてなくなるものさ」

講師の指摘に落ち込む若者は、模擬授業をスマートに流せる自分の姿を思い描いて授業案をつくります。力量もないのに、下手なシナリオを書き、下手な演技でなんとか誤魔化そうとします。しかし、ちゃんと伝えたいテーマがあって、ちゃんとシナリオの書き方を学んだ人間にしかシナリオは書けません。ちゃんと演技を勉強して、ちゃんと練習した人間の演技じゃないと観客は見てくれないのです。

「いいかい？　自分の模擬授業が批判されて落ち込んだり傷ついたりしたら、『ああ、自分はまだ格好つけようとしているんだな』って思うといい。そうすれば次につながる」

実践研究とは、自分の提案のみに目が向いているとき、急速に進むものなのです。

7 研究理念を一つに絞ってはいけない

実践研究の理念を一つに絞りたい。人にはそういう傾向があるようです。「協同学習だけ」「『学び合い』だけ」「ファシリテーションだけ」「エンカウンターだけ」「野口流だけ」「法則化だけ」などなど……。運動を率いる側も、あれもこれもと手を出すのは節操がないと、若者を自分に縛りつけようとする人が多いようです。しかし、僕は若い頃から、それをトップのエゴだと感じていました。自分はそうなるまいと心に決めていました。

「研究を一つに絞るなんて馬鹿のやることだ。どんな子どもにも機能する万能な理念や方法なんてこの世にあるわけがない。教師は最低五つくらいは矢をもたなくちゃいけない。子どもを瞬時に見極めて、一の矢がダメなら二の矢、二の矢がダメなら三の矢と、次々に繰り出せなくちゃいけない。そのためには複数の学びの場をもっていた方がいい」

僕は二十代の頃、十七の研究団体に所属していました。もちろん、どれも均等に力を入れていたわけではありませんが、とにかく十七団体のどれもにできるだけ欠席せずに参加することだけは自分に課していました。いまでも僕は、複数の異質なものを融合させることこそが実践研究の勘所だと信じて疑いません。

8 十年の時を経ずして見えてきたものはすべて幻想である

付き合いが始まって三年が経った頃、見込みのある若者、僕らとの活動が継続していきそうだと思われる若者にはこう言うことにしています。

「教育技術とか、教育論とか、教育観とか、そういう目の前の子どもたちの外にあるものに目が向いているうちはまだまだなんだ。目の前にいる子どもに興味を抱き、試行錯誤しているうちに教育観が生まれ、それにふさわしい教育技術が生まれる。そして、やがてそれが自らの教育論として自分の中から湧き上がってくるものなんだ」

三年も経つと、この順番の革命的な転換を若者も理解できるようになります。

「とにかく十年だ。十年間、がむしゃらに取り組むとその萌芽が見えてくる。自分からなにかが湧き上がってくるのを実感できるようになる。そこに到達したら、もう悩むことも戸惑うこともなくなる。自分から湧き上がるものを楽しむだけの生活になっていく」

でも、そこに到達できるのは十人に一人……といったところでしょうか。

「十年の時を経ずに見えてきたものは幻想に過ぎないんだよ」

期待する若者に、僕はよくこう言います。前にも述べましたが、自分の外にあるのは〈ＨＯＷ〉に過ぎません。僕らは常に〈ＷＨＹ〉を追い求める必要があります。

9 先の見える方でなく先の見えない方を選ぶ

何度も登壇を重ねているうちに、なんとなく主張の在り方、提案の在り方に同じような傾向が見られるようになっていきます。これをやれば成功するというテッパンの提案スタイルができてくるわけです。

そういう若者には、新たな主張の在り方、提案の在り方を編み出してもらわなければなりません。そうしないと成長しないからです。しかし、こういう状態に陥る若者というのは既にけっこうな有名人になっていて、本人としてもそう簡単に失敗するわけにはいきません。失敗に対して、ある種の恐怖感を抱く段階に入っているのです。僕にも経験があるからよくわかります。

しかし、その恐怖感を越えなければこの世界で長くはやっていけません。失敗しても笑い飛ばせるくらいの度量を身につけないと、これからの成長がないのです。そんな若者に対して、自戒を込めて僕がいつも言うのがこんな言葉です。

「先の見える方を選ぶのが成功のコツ。先の見えない方を選ぶのが成長のコツ」

僕がこの世界で三十数年、五十代半ばになる現在に至っても、いつも自分に言い聞かせている言葉です。いつまでも先の見えない方を選ぶ自分でありたいと思っています。

10 実践研究なんて結局は「道楽」である

実践研究なんてしなくても教師は続けられます。事実、世の中の大半の教師は、少なくとも僕らのようには実践研究なんてしていません。

実践研究が子どものためだとか、少しでも子どもにとって価値ある教師になるためだとか多くの人が言いますが、しかしそんなものは美辞麗句に過ぎません。いろんなものを削ぎ落とし、本音の本音だけを残したら、実践研究なんてものは自己顕示欲を満たす一つの方法でしかありません。世の中に、それを自覚している人と、自覚していない人とがいるだけの話です。

僕らはそうした自己顕示欲の満たし方に楽しさを感じるタイプの人間なのです。それだけのことなのです。どこかでこの醒めた認識をもっていることもまた必要なのです。

僕はいつも若者たちに言います。

「結局、研究なんてものは道楽に過ぎないんだ。間違っても実践研究に勤しむ者が他の教師たちより優れているとか、実践研究に取り組まない人たちを楽をしているとかと思ってはいけない。どちらかと言うと、自分たちの方が道楽で良い思いをしているエゴイストなのだというくらいの認識でいたほうがいい」

いただく——かつて受けた恩を

　若い頃から、いろんな人にお世話になってきました。恩を受けてきました。かつて受けた恩を返すことなどできず、若手教師に「恩送り」するものだとすれば、若手を育てようとする者は自分が若かったときにどんな恩を受けてきたのかに自覚的であるべきです。その恩が大きければ大きいほど、自分の「恩送り」の必要性が大きく感じられるはずだからです。

　僕が採用されたのは一九九一年、初めて勤務したのは厚別中学校という札幌市の東の端の中学校でした。一年生の担任でした。学年は九クラスもあって、三百人以上の生徒たちがワンフロアにひしめいていました。そこから三年間持

ち上がりました。

いまでも時々思い出しますが、あの時代は学年の先生方に守られていたなあ…ということがいまならよくわかります。いろんな先生が日常的に声をかけてくれ、飲みにも連れて行ってくれ、一緒にパチンコにも行き、あの方たちのおかげでスムーズに社会人になれたように思うのです。

ここでは、僕が影響を受けた先達の言葉を御紹介します。これを機に、読者の皆さんも自分の新卒時代を、そこでお世話になった先生方のお顔を思い浮かべてみてはいかがでしょうか。きっと何かが湧き上がってくるのではないでしょうか。

いただく

1　つかめるはずのものを見失わないようにする
2　かけ離れた二つの事象をかけ合わせてみる
3　思いつきを自分なりに咀嚼《そしゃく》できるまで追究する
4　教師はいつも上機嫌であるべきである
5　いかなる壮大な理念も「機能」させないと意味がない
6　教育実践史を渉猟する
7　必要なのは抽象化ではなく，具体化である
8　「明後日の思想」で考える
9　殊更若い時代のことを語る必要などない
10　「父性」的指導よりも「母性」的支援が受け入れられる

1

つかめるはずのものを見失わないようにする

「堀くん、教育の世界は奥深い。十年の時を経ずして見えてきたものはすべて幻想なんだ。だから一つのことに取り組み始めたら、最低十年は追いかけてみなくちゃいけない。そうしないと、つかめるはずのものさえ見失ってしまうものなんだよ」

師匠森田茂之先生の言葉です。僕はすべての実践研究において、この言葉を胸に取り組んできたように思います。

僕は実践研究において、一度取り組み始めたものを途中で捨てたということがありません。反面、このことは新しいものに取り組み始めることに慎重な姿勢をもっているということでもあります。最低十年続けるということになれば、あれもこれもと追いかけているわけにはいきませんから。本を書くという場合にも、基本的には十年以上取り組んできたものについて提案することにしています。多くの実践を重ね、それを何度も何度もつくり変え、組み替えて整理したものでなければ提案に値しない、そう感じています。

本書でも僕は、「思いつき程度のことを」という表現を何度も使ってきました。これには十年とは言わないまでも、実践を重ねることなく、よく吟味することもなく、「これが正しい」と確信するタイプの若者のことを揶揄しているわけです。

2 かけ離れた二つの事象をかけ合わせてみる

「かけ離れた二つのことをかけ合わせてみる。一つ一つ、それぞれを見ていたときには見えなかったものが立ち上がってくる。それが『創造』の基本だよ」

学生時代の教育心理学の師匠鹿内信善先生の言葉です。この言葉も僕の人生にとって大きなものでした。純粋な「オリジナリティ」などというものはあり得ず、すべての創造的な提案は幾つかの先行研究、しかも一見親和性がなく見える先行研究をかけ合わせてできている。或いはある先行研究を、それとはかけ離れたある先行研究の観点で組み直してみる。「創造」とはそういう営みだというのです。

僕はこれまで、単著を二十冊以上、編著を含めれば百冊以上を上梓してきましたが、僕の提案はすべて、こうした意味での営みから生まれたと言って過言ではありません。修士論文も、経験主義的な文学教育理論と系統主義的な言語技術教育理論とを融合することをその提案の中核としました。

本書で紹介している若手教師に対する考え方も、学校教育を担う職員室の論理と、その若手教師独自の背景、特性とをどう融合するかという視点で立案されたものです。決してどちらかだけに偏ろうとはしませんでした。僕にはそうしたことができないのです。

3 思いつきを自分なりに咀嚼《そしゃく》できるまで追究する

「研究というものは思いつきから始まるものです。その思いつきを思いつきのままにしないで、それがどのような構造になっているのか、長い時間をかけて調べたり考えたりしてみる。それが思いつきを『研究』にしていくんですよ」

長年、札幌の国語教育を先導していらっしゃった安藤修平先生の言葉です。

思いつくこと自体は尊いことです。その人の感性、或いは経験、大袈裟に言えば「歴史」がそれを思いつかせるのですから。しかし、この世には、その思いつきを思いつきのままにしておく大多数の人たちと、その思いつきの構造を考え、わからないことは調べ、更に検討して再構成し、自らに血肉化する少数の人たちとがいます。僕も何かを見たり話を聞いたり本を読んだりしたときに、ポンッ!と膝を打ったりあれ?と違和感を抱いたりしたことについて、しつこくしつこく考えることにしています。

若手教師の言動にも「ポンッ!」や「あれ?」がたくさんあります。するとすぐに、それはどういう意味なのか、その背景は何か、教育活動にどう活かしているのか、そうしたことを問いかけます。そしてその意味、意義、できれば構造を自分なりに咀嚼できるまでしつこくしつこく考えるのです。

4 教師はいつも上機嫌であるべきである

「学校の先生ってのは、いっつも楽しそうにしてりゃいいんだよ。それができりゃ仕事のほとんどはＯＫ！　あとのことはテキトーにちょっこちょこってな（笑）」

僕が新採用初年度、一年生の担任をしたときの学年主任佐々木一成先生の言葉です。

教師にはシンプルなことを難しく考えすぎる傾向があります。職員会議での議論を聞いているといつも思います。不必要な場合分けをしたり、もしもこういうことがあったらを幾つも並べてみたり。しかし、最悪さえ想定していれば、子どもたちに伝えることはむしろシンプルな方が機能するものです。あとは教師集団がその場でいかに楽しそうにしているか、です。教師が楽しそうにしていれば、子どもたちもなんとなく楽しそうにしているものです。教師の最も重大な機能は〈指導力〉ではなく〈感化力〉にこそあります。

若手教師に接する場合も、基本は同じです。指導する側が「いっつも楽しそうにしている」こと。それが基本中の基本なのです。先輩教師が上機嫌でいれば、自分もなんとなくそうした気分になっていきます。先輩教師同士が楽しそうに会話していれば、若手教師だって自然にそれに入ってくるものです。この教師としてのあるべき基本姿勢を、新卒の四月に学べたことに僕は感謝しています。

5　いかなる壮大な理念も「機能」させないと意味がない

「授業ってものは壮大な理念を語ったってダメなんだよ。どんなに壮大な理念をもったって機能させられなきゃないのと同じ。機能させられたものだけが提案の名に値する。言うだけなら何とでも言えますから」

ある研究会で、僕が「壮大な理念」を語ったときの野口芳宏先生の言葉です。

この日から、僕は「機能する」「機能させる」ということを日常的に考え続けています。一つの教育活動を幾つもの要素に分解して、成功した実践ではどの要素が成功の原因か、何と何のつながりが良い効果を生んだのかと、いつも考えるようにしています。逆に失敗した実践も因数分解して、すべてが悪いはずはない、どの因数を修正すれば自分の意図は機能するのかという目で見直すことにしています。

若手教師の取り組みを見るときにも同様です。そこで起こった現象を細かく分解してみる。すべてが悪いわけではない。どの要素に難点があるのか。どの要素とどの要素は賞賛の対象となるのか。そういう目で見ているのです。

教師には自分の感覚的な見え方を絶対視する人が多い現実があります。機能しない授業を「子どもたちがよく頑張った」なんていう言葉で誤魔化して良いはずがないのです。

6 教育実践史を渉猟する

「堀先生、歴史ですよ。歴史を知らないと新しいものは生まれないんです。先人が何を考え、何に葛藤し、どんな論争を闘ったのか。そしてその論点は何だったのか。それを一つ一つ繙《ひもと》いていくと、どこかに自分がいま悩んでいることの答えがあるものなんです。教育実践史なんて短い歴史です。その気になればすぐに読めるものですよ」

作文教育の第一人者大内善一先生の言葉です。酒席での言葉だったと記憶しています。二人で焼酎のグラスを傾けながら、数時間にわたって御教授いただいたのでした。

僕はかつての教育実践史をよく読みます。多くは国語教育論なので本書では紹介されませんが、ある実践者の弟子筋からどうして師匠とはこんなにも異なる提案が出てきたのかとか、ある実践者がある時期を介してどうしてこんなにも実践の方向性が変わったのかとか、そうしたことを分析するのがおもしろくてたまらないのです。

若手教師をずーっと自分の手元に置き続け、自分のコピーをつくろうとしたり弟子として囲い込もうとしたりする先輩教師に僕が批判的なのは、おそらくそのせいだろうと思います。鹿内先生の「かけ離れた二つの事象をかけ合わせてみる」と相俟って、若手教師は早めに僕とは異なる実践に触れるべきだと考えるようになったのです。

7 必要なのは抽象化ではなく、具体化である

「人に深く理解させるのは、抽象的で核心的な言葉なんかじゃないんです。具体例なんですよ。文章というものはいかに具体的にするかなんです」

千葉大学の教育哲学者宇佐美寛先生の言葉です。記憶の中から紡いだ言葉ですので、宇佐美先生の言表通りではありません。そうしたことに厳しい方なので、このことを付記しておきます（笑）。

この言葉も僕には衝撃的なものでした。確かにそうだと膝を打ちました。それは思わず感動に震えてしまうような衝撃でした。

人は何かを伝えようとするとき、抽象的にまとめようとします。その方が伝わる、その方がわかりやすいと無意識の機制が働くのです。教師の文章に、格好をつけた抽象的な表現のなんと多いことでしょう。ことわざや格言を用いたり、妙な流行り言葉や片仮名語でまとめたり、そんなものばかりです。学級通信の言葉も「しっかり」「よく考えて」「思いやって」などなど、抽象的な言葉ばかりです。「しっかり」とは何をどうすることなのか、「よく考える」とは何と何を想定することなのか、具体的に語らないと伝わるはずはないのです。人に深く理解させるのは具体例やエピソードなのです。

いただく

8 「明後日の思想」で考える

「人間は現在や数年後までのことは考えられるけれど、十年後や二十年後のことは考えないものです。想像の範囲は数年後くらいが限界なんです。でも、なんとかいろいろ考えて十年後はこうなっているかもしれないと考えてみる。そこからいまを見たらどう見えるかと考えてみる。それが終わったらまた別の十年後を考えていまを見てみる。すると、現在というこの瞬間のいろんな可能性が見えてくる。〈自分を超えるもの〉と出会える。これをいまいる〈今日〉を、想像できる範囲の〈明日〉を超えて〈明後日〉を想定してみること、〈明後日〉から〈今日〉を見てみるという意味で、私は『明後日の思想』と呼んでいるんですよ」

かつて山梨大学にいらした国語教育学者須貝千里先生の言葉です。この言葉も僕に与えた影響は計り知れません。

実践研究するうえである種の「思考訓練」になることに止まらず、この考え方を使って若手教師を励ます言葉としたり、さまざまな価値観を遠近法を施して理解したりということに役立つのです。詳細は拙著『よくわかる学校現場の教育原理―教師生活を生き抜く一〇講』(明治図書・二〇一五年)を御参照いただけると幸いです。

9 殊更若い時代のことを語る必要などない

「ヒロ、ほれ、好きなだけ食べなさい」

僕の名は「ヒロツグ」と読みます。祖母は僕のことを「ヒロ」と呼んでいました。祖母はサロマ湖畔の湧別町という町に住んでいました。お盆やお正月に家族で祖母の家に行くと、毛ガニや北海シマエビ、ホタテなどを山ほど用意して、「好きなだけ食べなさい」と勧めるのです。祖母は大正三年生まれでしたから、一次大戦勃発の年に生まれ、二次大戦を三十代に過ごした世代です。加えて昭和十九年に戦争で祖父を亡くしていますから、おそらく子どもたちを抱えて、食うや食わずの中、必死で生きてきたのだろうと思います。その後にやってきた平和な世の中で、孫にはひもじい思いをさせたくないという思いがこの言葉に込められていたのだろうと思います。思えば、あの時代のおじいちゃんおばあちゃんはみんなそうでした。しかも祖母は決して、戦中・占領下の貧しい時代の体験を語ることはありませんでした。これもあの世代には共通していることです。

僕がいまでも、若手教師に自分が若かった頃はこうだったと語ることをしないのは、祖母の影響ではないかと思うことがあります。若手教師を育てるということは、その若者自身が育てば良いのであって、殊更育てる側の事情を語るなどあさましいことなのです。

10 「父性」的指導よりも「母性」的支援が受け入れられる

僕には三十代で離婚経験があるのですが、離婚を機に父と不仲になり、実家に数年間帰らなかった時期がありました。

そんな中でも、母は父に内緒で僕に電話を寄越し、「母さんだけは何があってもあんたの味方だからね」と三十過ぎた息子に言い続けました。なるほど「母性」とはこういうものかと、妙に冷静に、それでいて妙に感動したのをよく覚えています。まあ、それほど珍しい話ではないでしょう。

ただ昭和から平成の三十年間を経て、教師に求められる資質が「父性」的なものから「母性」的なものへと移ってきたことは誰もが感じているところだと思います。特に男性教師の中には、更には体育会系の男性教師には、いまだに「父性」的な指導しかできず、「母性」的な指導・支援の在り方を苦手としている人が多いように思います。しかし、やはりそれでは機能しづらい時代に入ってきているのは間違いありません。

若手教師に接することにも、同じ現象が起きているように感じています。毅然と接する「父性」的な指導よりも、どこか包み込むような「母性」的な指導の方が受け入れられやすい。そんな時代が醸成する空気に先輩教師は敏感になりたいものです。

あとがき

なるほどな――と感心させられる記事を読みました。とあるニュースサイトの記事でのことです。その記事は映画を早送りしながら見る人が増えたことを入り口にして、この国の若者たちのメンタリティにどんな傾向が見られるのかを分析するものでした。

その要諦は、映画の「間」に暗示される人間関係や感情の変遷を読み取れずに、必要なことはすべて台詞で伝えられるはずだと考える人が増えたということなのですが、なるほどすべてが台詞に表現されるとすれば、少しくらい早送りをしても台詞が聞き取れればいいということになります。記事は、「『嫌い』と言っているけど本当は好き、が通じないんですよ」というある脚本家の言を引用しているのですが、確かにそういうことならそうなるだろうなあ、と感じ入った次第です。

そんな記事を読んだ日に僕は比喩の授業で、「公孫樹の木も箒になった」（高村光太郎「冬が来た」）を例に隠喩を解説していました。「これ、どういう意味だと思う？」と訊くと、多くの生徒たちが「イチョウの木で箒をつくった」と言う。ほう、と一呼吸、「それ、何も喩えてなくない？」と問い返すと、「ああ、そうかあ」との反応。そこでもう、生徒たちにそれ以上のイメージがわかないのです。もちろんこれは公孫樹の木が落葉し、冬枯れのような枝だけになったという意味であるわけですが、ついぞそんなイメージを提示する生徒はいませんでした。

もしかしたら、これは生徒たちばかりでなく、二十代、三十代の若者たちも同じなのかもしれません。たとえ彼らにその意味を説明しても、「そんなのわかるわけない」と言われるのがオチなのかもしれないのです。確かに生徒たちは「これはこういう意味だよ」と説明するとなるほどという顔はしたけれども、それは僕と生徒たちとの人間関係ゆえのことであって、知らないおじさんに対してなら「そんなのわかるわけない」と叫ぶかもしれないのです。

比喩は誘惑である――そう喝破したのは寺田透ですが、「公孫樹の木も箒になった」は確かに冬のおとずれを形象させる表現として僕を誘惑します。浮かんだ情景はその後、白い雪原へと連想を膨らませ、ついには樹氷のイメージにさえ連なっていきます。生まれてから半世紀を超えて北海道に住み続ける僕には、落葉のイメージは長い冬の寒さと、その美しさを連想させるのです。言葉にはそういう機能があります。言葉は豊穣です。

しかしその逆に、言葉には確かに限界もあります。映画において、十秒の間でじっと遠くを見つめるとか、数十秒の間で目を潤ませながら見つめ合うとか、一瞬の間に軽蔑を込めて一瞥するとか、一日の仕事を終えて控室にボーっと長時間たたずむとか、こうした場面を台詞で描写する機能を言葉はもちません。映像作品の「間」には、こうした場面がふんだんに散りばめられています。「間」の創り出すこれらの機能のすべてを台詞で表現できるわけがありません。いいえ、むしろ台詞などに閉じ込めて良いはずがないのです。

重なるときには重なるもので、夕方に鷲田清一さんの本を読んでいて、ふと、生田久美子『「わざ」から知る』（東京大学出版会・一九八七年）を引いたフレーズに目を引かれました。芸能において師匠は弟子に比喩的な言葉で指示するらしいのです。舞で扇子を開くときには「天から舞い降りる雪を受け入れる」ように。闇の中で蛍を追う振りの工夫に苦労していたら「指先を目玉にしたら」。人の到着をいまかいまかと待つ振りを、「揚げ幕に丸い穴をあけてそこから向こうをのぞくように」。決して「腕をもっと上にあげて」とか「指先に全神経を集中させて」などとは言いません。

台詞にすべてが説明されると考える若者たちが芸事を習うとき、師匠にこのような比喩的指示を与えられたらどう応えるのでしょう。「そんなのわかるわけない」と言って師匠を責めるのでしょうか。その裏で、実は「腕をもっと上にあげて」「指先に全神経を集中して」という指示を欲するのでしょうか。できるだけ芸事の習熟を早送りしたい、そんな思いを抱きながら――。

そういえば、岩下修さんが『AさせたいならBと言え』（明治図書・一九八八年）を書いてから既に三十年以上が過ぎました。運転手さんの仕事内容を考えるのに「バスの運転手さんは、どこを見て運転していますか」、プール学習において躰を水の上に浮かべるために「おばけになりなさい」と発問したり指示したりする。有田和正さん、向山洋一さんなどの指導言の妙を引きながら比喩的指導言の効果とその創り方を伝えた名著です。

かつての教師には、比喩的指導言を創る愉しみがあったように思うのです。これは子どもに伝わった、これは子どもに伝わらなかった、こんなふうに言ったら子どもたちが目の色を変えて活動し始めた、そんな小さな経験が職員室の雑談の中で毎日語り合われていたように思います。いま、僕は若い教師の副担任をしているのですが、彼の言葉を意識するのは毎週月曜日、学級通信の文言を点検するときくらいです。正直、さみしい職員室になったものだと思うことがあります。比喩的指導言を語り合うのが当然だった世代が現役として職員室の窓際を占めるのも、あと五年といったところでしょうか。年々、教室・職員室を問わず、学校で交わされる言葉たちも潤いを失い、少しずつ少しずつ硬直していくのを感じています。

どうも日本語というものが、日本人というものが歴史的大転換を迎えているように思います。それも決して良い方向ではない方へ。良くない方向というのに語弊があるなら、決して豊かでない方向へと言い換えても構いません。言葉が情報をやりとりするためだけに用いられ、情を交わす言葉や、相手を待つ言葉や、相手と戯れる言葉が世の中から急速に失われつつあるように感じられるのです。それはこの国の人々が、日本人の文化を失いつつあることと同義であるように思えます。

実は僕は、本書を執筆するに当たって、初任者のTwitterをずいぶんとフォローしました。どんなことに困っているのか、どんな思いを抱いて日々の教育活動に取り組んでいるのか、職場の先輩教師たちをどんなふうに見ているのか、匿名で語られる言葉ですから、本音がビシバシ語られます。ずいぶんと参考になりました。本書執筆においてもそれらの言葉が僕なりに解釈され、さまざまな形で活かされました。

しかし、このあとがきを書いているまさに今日、それら数十のアカウントの大半のフォローを切ったことを正直に告白しておきます。僕には耐えられませんでした。かつて日本人の文化の根幹は、「与えること」にありました。教職とは「与えること」を日常とする象徴的な職業と言えます。しかし彼らの多くは、「与えること」ではなく、「与えられること」ばかりを求めていました。楽にできるやり方を教えてくれ、もっと時間の余裕をくれ、もっと金をくれ、もっと優しさをくれ、もっと認めてくれ……。この国は「与える者にしか与えられない」、そういう文化をもつ国です。こうしたスタンスだと、そりゃ苦しむだろうなあと思わずにはいられませんでした。

愚痴っても仕方ありません。時間は不可逆です。この傾向は今後、進みこそすれ後戻りすることは考えられません。この傾向がますます進み、誰もが感じる時代の閉塞感を突き抜けたとき、また新しいこの国の文化が、また新しいこの国の学校文化が少しずつ形を見せ始めるのだろうと思います。現在はその文化の歴史的転換における、ちょうど過渡期なのでしょう。

政治も、行政も、経済も、過渡期を迎えています。学校教育もまた、行政の一部ではありますから、その変化と歩みを同じくするのは仕方ないことです。しかし、学校教育は行政の一部でありながらも、ちょっとだけ「文化」に寄っていました。この失われた三十年において、学校教育がなんとか持ちこたえてきたのも、その「文化」に寄っている側面がまだ力を発揮していたからに相違ないのです。しかし、その「文化」も、いま少しずつ崩壊しようとしているのでしょう。

今回も明治図書の気鋭赤木恭平くんにたいへんお世話になりました。深謝いたします。

Harvest Time／朝川繁樹トリオ を聴きながら……

二〇二二年十一月　自宅書斎にて　堀　裕嗣

【著者紹介】

堀　裕嗣（ほり　ひろつぐ）

1966年北海道湧別町生まれ。北海道教育大学札幌校・岩見沢校修士課程国語教育専修修了。1991年札幌市中学校教員として採用。1992年「研究集団ことのは」設立。

〔本文イラスト〕木村美穂

ミドルリーダーが身につけたい

教師の先輩力10の原理・100の原則

2023年２月初版第１刷刊
2024年１月初版第２刷刊
著　者　堀　　裕　　嗣

発行者　藤　原　光　政

発行所　明治図書出版株式会社

http://www.meijitosho.co.jp

（企画）赤木恭平（校正）宮森由紀子

〒114-0023　東京都北区滝野川7-46-1

振替00160-5-151318　電話03(5907)6701

ご注文窓口　電話03(5907)6668

＊検印省略

組版所　株式会社アイデスク

Printed in Japan　ISBN978-4-18-293712-5